EL LIBRO DE COCINA LIBANÉS ESENCIAL

Domina el arte de la cocina libanesa con 100 recetas esenciales

Amparo Fernandez

Material con derechos de autor ©2024

Reservados todos los derechos

Ninguna parte de este libro puede usarse ni transmitirse de ninguna forma ni por ningún medio sin el debido consentimiento por escrito del editor y del propietario de los derechos de autor, excepto las breves citas utilizadas en una reseña. Este libro no debe considerarse un sustituto del asesoramiento médico, legal o de otro tipo profesional.

TABLA DE CONTENIDO

TABLA DE CONTENIDO 3
INTRODUCCIÓN 6
DESAYUNO 7
   1. Manakish (pan plano libanés con za'atar) 8
   2. Foul Moudammas (desayuno de habas) 10
   3. Labneh con Aceite de Oliva y Hierbas 12
   4. Balila (tazón de desayuno con garbanzos) 14
   5. Kaak (anillos de pan libanés con sésamo) 16
   6. Zaatar Manakeesh 18
   7. Jebneh w'Jambon (Tortilla Libanesa de Jamón y Queso) 21
   8. Sándwich de queso y miel Akkawi 23
   9. Shakshuka 25
   10. Brindis de Labneh y Za'atar 27
SNACKS Y APERITIVOS 29
   11. Faláfel 30
   12. Kibbeh del Medio Oriente 32
   13. Hojas de parra de Alepo 34
   14. Cebollas Rellenas 36
   15. Hummus con Piñones y Aceite de Oliva 39
   16. Pimientos Romanos Rellenos 41
   17. Berenjenas Rellenas De Cordero Y Piñones 44
   18. Patatas Rellenas 47
   19. Baba Ghanush 50
   20. Labneh (queso para untar con yogur) 52
   21. Dip de Za'atar y Aceite de Oliva 54
   22. Laban Bi Khiar (salsa de yogur y pepino) 56
   23. Sambousek (empanadas de carne libanesas) 58
   24. Fatayer de queso libanés 60
   25. Brochetas de zumaque libanés 62
   26. Kofta de cordero especiado y hierbas 64
   27. Chips de pita libaneses 66
   28. Ghraybeh (galletas de mantequilla libanesas) 68
PLATO PRINCIPAL 70
   29. Bamia libanesa (estofado de okra) 71
   30. Arroz Libanés con Fideos (Roz bel Shaghriyeh) 73
   31. Shawarma de pollo libanés 75
   32. Sándwich de falafel pita con salsa tahini 78
   33. Membrillo Relleno De Cordero Con Granada Y Cilantro 80
   34. Al revés (Maqluba) 83
   35. Carne De Res Y Membrillo 86
   36. Baharat Pollo Y Arroz 88

37. Batatas Asadas e Higos Frescos 91
38. El gordo de Na'ama 93
39. Berenjenas asadas con cebolla frita 95
40. Calabaza asada con za'atar 98
41. Kuku de habas 100
42. Albóndigas de puerro al limón 103
43. Berenjena Chermoula con Bulgur y Yogur 106
44. Coliflor frita con tahini 109
45. Acelgas con Tahini, Yogur y Piñones 112
46. Kofta B'siniyah 115
47. Sabih 118
48. Melaza de bayas de trigo, acelgas y granada 121
49. Balilah 123
50. Arroz con azafrán, agracejo y pistacho 125
51. Sofrito de pollo 128
52. Arroz salvaje con garbanzos y grosellas 131
53. Berenjena quemada con semillas de granada 134
54. Risotto de cebada con queso feta marinado 137
55. Pollo asado con clementinas 140
56. Mejadra 143
57. Lubina frita con Harissa y rosa 146
58. Gambas, Vieiras y Almejas con Tomate y Feta 149
59. Codorniz Estofada con Albaricoques y Tamarindo 152
60. Pollo escalfado con freekeh 155
61. Arroz De Pollo Con Cebolla Y Cardamomo 158
62. Albóndigas de ternera con habas y limón 161
63. Albóndigas de cordero con agracejo, yogur y hierbas 164
64. Polpettone 167
65. Shawarma de cordero 171
66. Filetes De Salmón En Salsa Chraimeh 174
67. Pescado Agridulce Marinado 177

GUARNICIONES Y ENSALADAS 180

68. Batata Harra (patatas libanesas picantes) 181
69. Berenjena volteada 183
70. Ensalada de coliflor asada y avellanas 185
71. Ensalada de fricasé 187
72. Ensalada de pollo y hierbas con azafrán 190
73. Ensalada de tubérculos con labneh 193
74. Tabulé 195
75. Ensalada Mixta De Frijoles 197
76. Ensalada de colinabo 200
77. Ensalada de garbanzos y verduras especiadas 202
78. Ensalada picante de remolacha, puerro y nueces 205
79. Ensalada de tomates y calabacines en trozos 208

- 80. Ensalada de perejil y cebada 211
- 81. Ensalada Fattoush 213
- 82. Ensalada picante de zanahoria 215

SOPAS 217
- 83. Sopa de berros y garbanzos con agua de rosas 218
- 84. Sopa caliente de yogur y cebada 221
- 85. Sopa cannellini de judías y cordero 223
- 86. Sopa de Mariscos e Hinojo 226
- 87. Sopa de pistacho 229
- 88. Sopa de berenjena quemada y mograbieh 232
- 89. Sopa de tomate y masa madre 235
- 90. Sopa clara de pollo con knaidlach 237
- 91. Sopa picante de freekeh con albóndigas 241

POSTRE 244
- 92. Sfouf (pastel de cúrcuma) 245
- 93. Mamoul con dátiles 247
- 94. Baklava 250
- 95. Mafroukeh (Postre de sémola y almendras) 252
- 96. Galettes de pimiento rojo y huevo al horno 254
- 97. Pastel de hierbas 257
- 98. Burekas 260
- 99. Gharaybeh 263
- 100. Mutabbaq 265

CONCLUSIÓN 268

INTRODUCCIÓN

¡Ahlaan wa sahlaan! Bienvenido a "El libro de cocina libanés esencial", su clave para dominar el arte de la cocina libanesa con 100 recetas esenciales. Este libro de cocina es una celebración de la rica herencia culinaria del Líbano y lo guía a través de los sabores vibrantes, las especias aromáticas y las técnicas tradicionales que definen la cocina libanesa. Únase a nosotros en un viaje culinario que llevará la esencia del Líbano a su cocina.

Imagínese una mesa adornada con mezze para untar, aromáticos platos de arroz y deliciosos postres, todos inspirados en los diversos paisajes e influencias culturales del Líbano. "El libro de cocina libanés esencial" no es sólo una colección de recetas; es una exploración de los ingredientes, tradiciones e historias que hacen de la cocina libanesa un tapiz de sabores. Ya sea que tenga raíces libanesas o simplemente aprecie los sabores atrevidos y aromáticos del Medio Oriente, estas recetas están diseñadas para guiarlo a través de las complejidades de la cocina libanesa.

Desde mezze clásicos como hummus y tabulé hasta platos exclusivos como kibbeh y shawarma, cada receta es una celebración de la frescura, la audacia y la hospitalidad que definen los platos libaneses. Ya sea que esté organizando una reunión festiva o disfrutando de una acogedora comida familiar, este libro de cocina es su recurso de referencia para llevar el auténtico sabor del Líbano a su mesa.

Únase a nosotros en nuestro viaje a través de los paisajes culinarios de Beirut a Biblos, donde cada creación es un testimonio de los sabores vibrantes y diversos que hacen de la cocina libanesa una tradición culinaria preciada. Entonces, póngase el delantal, abrace el espíritu de la hospitalidad libanesa y embarquémonos en un delicioso viaje a través de "El libro de cocina libanés esencial".

DESAYUNO

1. Manakish (pan plano libanés con za'atar)

INGREDIENTES:
- 2 1/2 tazas de harina para todo uso
- 1 cucharada de azúcar
- 1 cucharada de levadura seca activa
- 1 taza de agua tibia
- 1/4 taza de aceite de oliva
- 2 cucharadas de mezcla de especias za'atar

INSTRUCCIONES:
a) Disuelva el azúcar en agua tibia y espolvoree levadura por encima. Déjelo reposar durante 5 a 10 minutos hasta que esté espumoso.
b) Mezcle la harina y el aceite de oliva en un tazón grande, luego agregue la mezcla de levadura. Amasar hasta tener una masa suave. Tapar y dejar reposar durante una hora.
c) Precalienta tu horno a 475°F (245°C).
d) Dividir la masa en bolitas y extenderlas. Extienda za'atar por encima y hornee hasta que esté dorado.

2.Foul Moudammas (desayuno de habas)

INGREDIENTES:

- 2 latas de habas, escurridas y enjuagadas
- 3 dientes de ajo, picados
- 1/4 taza de aceite de oliva
- 1 cucharadita de comino
- Sal y pimienta para probar
- Jugo de limón fresco

INSTRUCCIONES:

a) En una sartén saltear los ajos en aceite de oliva hasta que estén dorados.
b) Agregue las habas, el comino, la sal y la pimienta. Cocine durante 5-7 minutos.
c) Triture algunos de los frijoles con un tenedor. Exprima jugo de limón fresco encima antes de servir.

3. Labneh con Aceite de Oliva y Hierbas

INGREDIENTES:

- 2 tazas de labneh (yogurt colado)
- 2 cucharadas de aceite de oliva
- Hierbas frescas (menta, perejil), picadas
- Sal al gusto

INSTRUCCIONES:

a) Coloque el labneh en un plato, creando un hueco en el centro.
b) Rocíe aceite de oliva sobre el labneh.
c) Espolvoree hierbas frescas y sal encima. Servir con pan de pita.

4.Balila (tazón de desayuno con garbanzos)

INGREDIENTES:

2 tazas de garbanzos cocidos
2 dientes de ajo, picados
1/4 taza de aceite de oliva
1 cucharadita de comino
Sal y pimienta para probar
Tomates picados y perejil para decorar

INSTRUCCIONES:

En una sartén, saltee el ajo en aceite de oliva hasta que esté fragante.
Agrega los garbanzos cocidos, el comino, la sal y la pimienta. Cocine durante 8-10 minutos.
Sirva en tazones, adornado con tomates picados y perejil.

5.Kaak (anillos de pan libanés con sésamo)

INGREDIENTES:

4 tazas de harina para todo uso
1 cucharada de azúcar
1 cucharada de levadura seca activa
1 1/2 tazas de agua tibia
1/4 taza de aceite de oliva
Semillas de sésamo para cubrir

INSTRUCCIONES:

Disuelva el azúcar en agua tibia y espolvoree levadura por encima. Déjelo reposar durante 5 a 10 minutos hasta que esté espumoso. Mezcle la harina y el aceite de oliva en un tazón grande, luego agregue la mezcla de levadura. Amasar hasta tener una masa suave. Tapar y dejar reposar durante una hora.
Precalienta tu horno a 375°F (190°C).
Forme aros con la masa, cúbralos con semillas de sésamo y hornee hasta que estén dorados.

6. Zaatar Manakeesh

INGREDIENTES:
Para la masa:

2 1/4 cucharaditas (1 paquete) de levadura seca activa
1 taza de agua tibia
2 1/2 tazas de harina para todo uso
1 cucharadita de azúcar
1 cucharadita de sal
2 cucharadas de aceite de oliva
Para la cobertura Za'atar:

1/4 taza de mezcla de especias za'atar
3 cucharadas de aceite de oliva

INSTRUCCIONES:
En un bol disuelve el azúcar en agua tibia. Espolvorea la levadura sobre el agua y déjala reposar durante unos 5 minutos hasta que esté espumosa.
En un tazón grande, combine la harina y la sal. Haga un hueco en el centro y vierta la mezcla de levadura y el aceite de oliva.
Mezclar hasta que se forme una masa. Amasar la masa sobre una superficie enharinada durante unos 5-7 minutos hasta que quede suave y elástica.
Coloca la masa en un bol engrasado, cúbrela con un paño húmedo y déjala reposar en un lugar cálido durante aproximadamente 1 hora o hasta que duplique su tamaño.
Precalienta tu horno a 475°F (245°C). Si tienes una piedra para pizza, colócala en el horno para calentarla.
En un tazón pequeño, mezcle la mezcla de especias za'atar con aceite de oliva para crear una mezcla para untar.
Golpee la masa cocida y divídala en porciones más pequeñas.
Enrolle cada porción hasta formar una bola.
Sobre una superficie enharinada, extienda cada bola hasta darle una forma redonda y plana (de aproximadamente 8 pulgadas de diámetro).
Coloque la masa extendida en una bandeja para hornear forrada con papel pergamino o directamente sobre una piedra para pizza.

Extienda una cantidad generosa de la mezcla de za'atar y aceite de oliva sobre la superficie de cada ronda de masa, dejando un pequeño borde alrededor de los bordes.

Hornee en el horno precalentado durante unos 10-12 minutos o hasta que los bordes estén dorados.

Retirar del horno y dejar enfriar el Zaatar Manakeesh durante unos minutos.

Opcionalmente, puedes rociar más aceite de oliva por encima antes de servir.

Algunas variaciones incluyen agregar tomates picados, aceitunas o queso encima antes de hornear.

¡Disfruta de tu Zaatar Manakeesh casero como refrigerio sabroso o comida ligera!

7. Jebneh w'Jambon (Tortilla Libanesa de Jamón y Queso)

INGREDIENTES:

4 huevos batidos
1/2 taza de queso feta, desmenuzado
1/4 taza de jamón cocido, cortado en cubitos
2 cucharadas de aceite de oliva
Sal y pimienta para probar
Cebollas verdes picadas para decorar
INSTRUCCIONES:

Calienta el aceite de oliva en una sartén a fuego medio.
Mezcla los huevos batidos con el queso feta, el jamón, la sal y la pimienta.
Vierta la mezcla en la sartén y cocine hasta que los bordes cuajen.
Voltee y cocine hasta que esté completamente listo.
Adorne con cebollas verdes picadas antes de servir.

8. Sándwich de queso y miel Akkawi

INGREDIENTES:

Queso akkawi, en rodajas
Pan árabe o pita
Miel
Nueces picadas (opcional)
INSTRUCCIONES:

Coloque rebanadas de queso Akkawi entre capas de pan árabe o pita.
Tuesta el sándwich hasta que el queso se derrita.
Rocíe miel sobre el queso derretido.
Opcionalmente, espolvoree nueces picadas para que queden más crujientes.

9.shakshuka

INGREDIENTES:
- 2 cucharadas de aceite de oliva
- 1 cebolla, finamente picada
- 2 pimientos morrones, cortados en cubitos
- 3 dientes de ajo, picados
- 1 lata (28 oz) de tomates triturados
- 1 cucharadita de comino molido
- 1 cucharadita de pimentón molido
- Sal y pimienta para probar
- 4-6 huevos
- Perejil fresco para decorar

INSTRUCCIONES:
a) En una sartén grande, calienta el aceite de oliva a fuego medio.
b) Saltee las cebollas y los pimientos morrones hasta que se ablanden.
c) Agregue el ajo picado y cocine por un minuto más.
d) Vierta los tomates triturados y sazone con comino, pimentón, sal y pimienta. Cocine a fuego lento durante unos 10-15 minutos hasta que la salsa espese.
e) Haga pequeños pocillos en la salsa y rompa los huevos en ellos.
f) Tapa la sartén y cocina hasta que los huevos estén escalfados a tu gusto.
g) Adorne con perejil fresco y sirva con pan.

10. Tostada de Labneh y Za'atar

INGREDIENTES:
- Labneh (yogurt colado)
- Mezcla de especias za'atar
- Aceite de oliva
- Pan de pita o pan crujiente

INSTRUCCIONES:
a) Unte una cantidad generosa de labneh sobre pan de pita tostado o su pan crujiente favorito.
b) Espolvorea con la mezcla de especias za'atar.
c) Rocíe con aceite de oliva.
d) Sirva como sándwich abierto o córtelo en trozos más pequeños.

BOCADILLOS Y APERITIVOS

11. Falafel

INGREDIENTES:
1 taza de garbanzos secos, remojados durante la noche
1/2 cebolla, picada
2 dientes de ajo, picados
1/4 taza de perejil fresco, picado
1 cucharadita de comino molido
1 cucharadita de cilantro molido
1/2 cucharadita de bicarbonato de sodio
Sal y pimienta para probar
Aceite vegetal (para freír)

INSTRUCCIONES:
Escurre los garbanzos remojados y colócalos en un procesador de alimentos.
Agrega la cebolla, el ajo, el perejil, el comino, el cilantro, el bicarbonato de sodio, la sal y la pimienta.
Procese hasta que la mezcla esté espesa pero bien combinada.
Forme hamburguesas pequeñas y fríalas en aceite caliente hasta que estén doradas.
Escurrir sobre toallas de papel y servir con salsa tahini.

12.Kibbeh del Medio Oriente

INGREDIENTES:
- 2/3 taza de bulgur mediano grueso
- 1 taza de hojas de menta fresca
- 1 cebolla grande, picada
- 1 cucharadita de comino molido
- 1 cucharadita de pimienta de Jamaica molida
- 1 cucharadita de sal
- 1/2 cucharadita de pimienta negra molida
- 1 1/2 libras de cordero molido magro
- 3 cucharadas de aceite de oliva

INSTRUCCIONES:
a) Coloque el bulgur en un recipiente apto para microondas y cúbralo con agua hasta la parte superior del bulgur.
b) Cocine en el microondas a temperatura alta durante 1 a 2 minutos hasta que el bulgur se hinche y se absorba el agua.
c) Mezcle brevemente y deje reposar hasta que se enfríe.
d) Coloca las hojas de menta en el bol de un procesador de alimentos.
e) Agregue gradualmente la cebolla picada a través del tubo de alimentación y procese hasta que tanto la menta como la cebolla estén finamente picadas.
f) Agrega la mezcla de menta y cebolla al bulgur enfriado.
g) Agregue comino molido, pimienta de Jamaica, sal y pimienta. Mezclar bien.
h) Combine la mezcla de bulgur con el cordero molido, asegurando una mezcla completa.
i) Con las manos húmedas, forme hamburguesas pequeñas del tamaño de la palma de la mano con la mezcla de cordero.
j) Calienta el aceite de oliva en una sartén a fuego medio.
k) Agregue las hamburguesas de kibbeh y cocine hasta que el exterior esté dorado y el centro bien cocido, volteándolos una vez. Esto debería tomar unos 6 minutos por cada lado.
l) Sirva las hamburguesas de kibbeh con tahini, una pasta de semillas de sésamo, para darle un sabor tradicional del Medio Oriente.

13. Hojas de Parra Alepo

INGREDIENTES:
- 1 taza de arroz blanco crudo
- 2 libras de cordero molido
- 1 cucharada de pimienta de Jamaica molida
- 1 cucharadita de sal
- 1 cucharadita de pimienta negra molida
- 2 frascos (16 onzas) de hojas de parra, escurridas y enjuagadas
- 6 dientes de ajo, rebanados
- 1 taza de jugo de limón
- 2 aceitunas kalamata (Opcional)

INSTRUCCIONES:
a) Remojar el arroz en agua fría y escurrir.
b) En un tazón grande, combine el cordero molido, el arroz remojado y escurrido, la pimienta de Jamaica, la sal y la pimienta negra. Mezclar hasta que esté bien mezclado.
c) Tome una hoja de parra y coloque aproximadamente 1 cucharada de la mezcla de carne en el centro de cada hoja.
d) Doble la hoja una vez, gire los bordes de cada lado y luego enrolle la hoja para cerrarla.
e) Apila las hojas de parra enrolladas en una olla grande.
f) Coloca rodajas de ajo entre cada capa.
g) Agregue suficiente agua para cubrir los panecillos.
h) Vierta jugo de limón sobre las hojas de parra en la olla.
i) Opcionalmente, agregue aceitunas kalamata a la olla para darle más sabor.
j) Coloca un plato encima de los rollitos de hojas de parra para mantenerlos sumergidos en el agua.
k) Lleva la olla a ebullición y luego reduce el fuego a bajo.
l) Tape y cocine a fuego lento durante 1 hora y 15 minutos.
m) Pruebe el arroz para ver si está cocido. Las hojas de parra pueden reposar durante varias horas para realzar el sabor.
n) Sirva Grape Leaves Aleppo y disfrute de los deliciosos sabores transmitidos desde Alepo, Siria.

14.cebollas rellenas

INGREDIENTES:
- 4 cebollas grandes (900 g / 2 lb en total, peso pelado) aproximadamente 1⅔ tazas / 400 ml de caldo de verduras
- 1½ cucharada de melaza de granada
- sal y pimienta negra recién molida
- RELLENO
- 1½ cucharada de aceite de oliva
- 1 taza / 150 g de chalotas finamente picadas
- ½ taza / 100 g de arroz de grano corto
- ¼ de taza / 35 g de piñones triturados
- 2 cucharadas de menta fresca picada
- 2 cucharadas de perejil de hoja plana picado
- 2 cucharaditas de menta seca
- 1 cucharadita de comino molido
- ⅛ cucharadita de clavo molido
- ¼ cucharadita de pimienta de Jamaica molida
- ¾ cucharadita de sal
- ½ cucharadita de pimienta negra recién molida
- 4 rodajas de limón (opcional)

INSTRUCCIONES:

a) Pele y corte aproximadamente ¼ de pulgada / 0,5 cm de la parte superior y las colas de las cebollas, coloque las cebollas cortadas en una cacerola grande con abundante agua, déjelas hervir y cocine por 15 minutos. Escurrir y reservar para que se enfríe.

b) Para preparar el relleno, calienta el aceite de oliva en una sartén mediana a fuego medio-alto y agrega las chalotas. Saltee durante 8 minutos, revolviendo con frecuencia, luego agregue todos los ingredientes restantes excepto las rodajas de limón. Baje el fuego a bajo y continúe cocinando y revolviendo durante 10 minutos.

c) Con un cuchillo pequeño, haga un corte largo desde la parte superior de la cebolla hasta la parte inferior, hasta el centro, de modo que cada capa de cebolla tenga solo una ranura que la atraviese. Comienza a separar suavemente las capas de cebolla, una tras otra, hasta llegar al corazón. No te preocupes si algunas de las capas se rasgan un poco al pelarlas; todavía puedes usarlos.

d) Sostenga una capa de cebolla en una mano ahuecada y vierta aproximadamente 1 cucharada de la mezcla de arroz en la mitad de la cebolla, colocando el relleno cerca de un extremo de la abertura. No caigas en la tentación de llenarlo más, ya que debe quedar bien envuelto y cómodo. Dobla el lado vacío de la cebolla sobre el lado relleno y enróllalo bien para que el arroz quede cubierto con unas cuantas capas de cebolla sin aire en el medio. Colóquelo en una sartén mediana con tapa, con la costura hacia abajo, y continúe con el resto de la mezcla de cebolla y arroz. Coloque las cebollas una al lado de la otra en la sartén, de modo que no haya espacio para moverse. Rellena los espacios con partes de la cebolla que no hayan sido rellenas. Agregue suficiente caldo para que las cebollas queden cubiertas en tres cuartas partes, junto con la melaza de granada, y sazone con ¼ de cucharadita de sal.

e) Tape la sartén y cocine a fuego lento lo más bajo posible durante 1½ a 2 horas, hasta que el líquido se haya evaporado. Sirva caliente o a temperatura ambiente, con rodajas de limón si lo desea.

15.Hummus con Piñones y Aceite de Oliva

INGREDIENTES:
- 1 lata (15 oz) de garbanzos, escurridos y enjuagados
- 1/4 taza de tahini
- 1/4 taza de aceite de oliva
- 2 dientes de ajo, picados
- Jugo de 1 limón
- Sal al gusto
- Piñones y aceite de oliva extra para decorar.

INSTRUCCIONES:
a) En un procesador de alimentos, combine los garbanzos, el tahini, el aceite de oliva, el ajo, el jugo de limón y la sal.
b) Mezclar hasta que esté suave.
c) Transfiera a un tazón para servir, rocíe con aceite de oliva extra y espolvoree con piñones.

16. Pimientos Romanos Rellenos

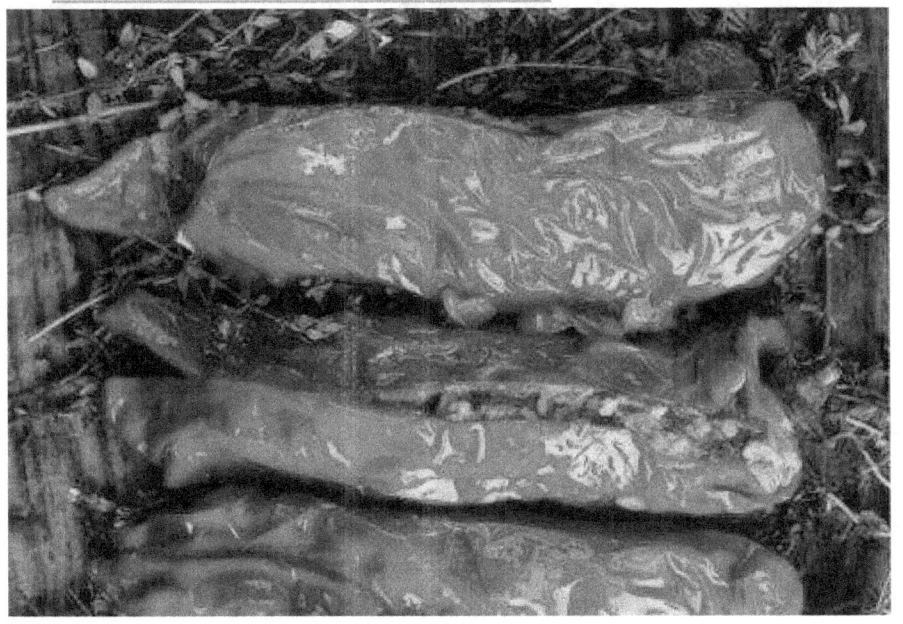

INGREDIENTES:
- 8 pimientos romanos medianos u otros pimientos dulces
- 1 tomate grande, picado en trozos grandes (1 taza/170 g en total)
- 2 cebollas medianas, picadas en trozos grandes (1⅔ tazas / 250 g en total)
- aproximadamente 2 tazas / 500 ml de caldo de verduras
- RELLENO
- ¾ taza / 140 g de arroz basmati
- 1½ cucharada de mezcla de especias baharat (comprada en la tienda o ver receta)
- ½ cucharadita de cardamomo molido
- 2 cucharadas de aceite de oliva
- 1 cebolla grande, finamente picada (1⅓ tazas / 200 g en total)
- 14 oz / 400 g de cordero molido
- 2½ cucharadas de perejil de hoja plana picado
- 2 cucharadas de eneldo picado
- 1½ cucharada de menta seca
- 1½ cucharadita de azúcar
- sal y pimienta negra recién molida

INSTRUCCIONES:

a) Comienza con el relleno. Coloca el arroz en una cacerola y cúbrelo con agua ligeramente salada. Llevar a ebullición y luego cocinar durante 4 minutos. Escurrir, refrescar con agua fría y reservar.

b) Freír las especias en una sartén. Agrega el aceite de oliva y la cebolla y sofríe durante unos 7 minutos, revolviendo con frecuencia, hasta que la cebolla esté suave. Vierta esto, junto con el arroz, la carne, las hierbas, el azúcar y 1 cucharadita de sal en un tazón grande para mezclar. Usa tus manos para mezclar todo bien.

c) Comenzando desde el extremo del tallo, use un cuchillo pequeño para cortar a lo largo tres cuartos del camino hacia abajo de cada pimiento, sin quitar el tallo, creando una abertura larga. Sin forzar demasiado la apertura del pimiento, retira las semillas y luego rellena cada pimiento con la misma cantidad de la mezcla.

d) Coloca el tomate y la cebolla picados en una sartén muy grande que tenga tapa hermética. Coloque los pimientos encima, muy juntos y vierta suficiente caldo para que suba 1 cm / pulgada por los lados de los pimientos. Sazone con ½ cucharadita de sal y un poco de pimienta negra. Cubra la sartén con una tapa y cocine a fuego lento al mínimo posible durante una hora. Es importante que el relleno esté recién cocido al vapor, por lo que la tapa debe quedar bien ajustada; Asegúrate de que siempre quede un poco de líquido en el fondo de la sartén. Sirve los pimientos tibios, no picantes o a temperatura ambiente.

17. Berenjenas Rellenas De Cordero Y Piñones

INGREDIENTES:
- 4 berenjenas medianas (aproximadamente 2½ lb / 1,2 kg), cortadas por la mitad a lo largo
- 6 cucharadas / 90 ml de aceite de oliva
- 1½ cucharadita de comino molido
- 1½ cucharada de pimentón dulce
- 1 cucharada de canela molida
- 2 cebollas medianas (340 g / 12 oz en total), finamente picadas
- 1 libra / 500 g de cordero molido
- 7 cucharadas / 50 g de piñones
- ⅔ oz / 20 g de perejil de hoja plana, picado
- 2 cucharaditas de pasta de tomate
- 3 cucharaditas de azúcar extrafina
- ⅔ taza / 150 ml de agua
- 1½ cucharada de jugo de limón recién exprimido
- 1 cucharadita de pasta de tamarindo
- 4 ramas de canela
- sal y pimienta negra recién molida

INSTRUCCIONES:

a) Precalienta el horno a 425°F / 220°C.

b) Coloque las mitades de berenjena, con la piel hacia abajo, en una fuente para hornear lo suficientemente grande como para acomodarlas cómodamente. Unte la pulpa con 4 cucharadas de aceite de oliva y sazone con 1 cucharadita de sal y abundante pimienta negra. Ase durante unos 20 minutos, hasta que estén dorados. Retirar del horno y dejar enfriar un poco.

c) Mientras se cocinan las berenjenas, puedes empezar a hacer el relleno calentando las 2 cucharadas de aceite de oliva restantes en una sartén grande. Mezcle el comino, el pimentón y la canela molida y agregue la mitad de esta mezcla de especias a la sartén, junto con las cebollas. Cocine a fuego medio-alto durante unos 8 minutos, revolviendo con frecuencia, antes de agregar el cordero, los piñones, el perejil, la pasta de tomate, 1 cucharadita de azúcar, 1 cucharadita de sal y un poco de pimienta negra. Continúe cocinando y revolviendo por otros 8 minutos, hasta que la carne esté cocida.

d) Coloque la mezcla de especias restante en un bol y agregue el agua, el jugo de limón, el tamarindo, las 2 cucharaditas de azúcar restantes, las ramas de canela y ½ cucharadita de sal; mezclar bien.

e) Reduzca la temperatura del horno a 375°F / 195°C. Vierta la mezcla de especias en el fondo de la fuente para asar berenjenas. Vierta la mezcla de cordero encima de cada berenjena. Cubra bien la sartén con papel de aluminio, regrese al horno y ase durante 1½ horas, momento en el cual las berenjenas deben estar completamente suaves y la salsa espesa; dos veces durante la cocción, quitar el papel aluminio y rociar las berenjenas con la salsa, añadiendo un poco de agua si la salsa se seca. Sirva tibio, no caliente o a temperatura ambiente.

18.papas rellenas

A 6

INGREDIENTES:
- 1 libra / 500 g de carne molida
- aproximadamente 2 tazas / 200 g de pan rallado blanco
- 1 cebolla mediana, finamente picada (¾ taza / 120 g en total)
- 2 dientes de ajo machacados
- ⅔ oz / 20 g de perejil de hoja plana, finamente picado
- 2 cucharadas de hojas de tomillo, picadas
- 1½ cucharadita de canela molida
- 2 huevos grandes de gallinas camperas, batidos
- 3¼ lb / 1,5 kg de papas Yukon Gold medianas, de aproximadamente 3¾ por 2¼ pulgadas / 9 por 6 cm, peladas y cortadas por la mitad a lo largo
- 2 cucharadas de cilantro picado
- sal y pimienta negra recién molida

SALSA DE TOMATE
- 2 cucharadas de aceite de oliva
- 5 dientes de ajo machacados
- 1 cebolla mediana, finamente picada (¾ taza / 120 g en total)
- 1½ tallos de apio, finamente picados (⅔ taza / 80 g en total)
- 1 zanahoria pequeña, pelada y finamente picada (½ taza/70 g en total)
- 1 chile rojo, finamente picado
- 1½ cucharadita de comino molido
- 1 cucharadita de pimienta de Jamaica molida
- pizca de pimentón ahumado
- 1½ cucharadita de pimentón dulce
- 1 cucharadita de semillas de alcaravea, trituradas con un mortero o un molinillo de especias
- una lata de 800 g / 28 oz de tomates picados
- 1 cucharada de pasta de tamarindo
- 1½ cucharadita de azúcar extrafina

INSTRUCCIONES:
a) Comienza con la salsa de tomate. Calienta el aceite de oliva en la sartén más amplia que tengas; También necesitarás una tapa. Agrega el ajo, la cebolla, el apio, la zanahoria y el chile y sofríe a fuego lento durante 10 minutos, hasta que las verduras estén suaves. Agrega las especias, revuelve bien y

cocina de 2 a 3 minutos. Vierta los tomates picados, el tamarindo, el azúcar, ½ cucharadita de sal y un poco de pimienta negra y deje hervir. Retirar del fuego.

b) Para hacer las patatas rellenas, coloque en un bol la carne, el pan rallado, la cebolla, el ajo, el perejil, el tomillo, la canela, 1 cucharadita de sal, un poco de pimienta negra y los huevos. Usa tus manos para combinar bien todos los ingredientes.

c) Ahueca cada mitad de papa con una cuchara para melón o una cucharadita, creando una cáscara de ⅔ de pulgada / 1,5 cm de grosor. Rellena la mezcla de carne en cada cavidad, usando tus manos para empujarla hacia abajo para que llene la papa por completo. Presione con cuidado todas las papas en la salsa de tomate para que queden juntas, con el relleno de carne hacia arriba. Agregue aproximadamente 1¼ tazas / 300 ml de agua, o lo suficiente para casi cubrir las hamburguesas con la salsa, lleve a fuego lento, cubra la sartén con una tapa y deje cocinar lentamente durante al menos 1 hora o incluso más, hasta que la salsa. queda espesa y las patatas muy blandas. Si la salsa no se ha espesado lo suficiente, retira la tapa y reduce durante 5 a 10 minutos. Sirva caliente o tibio, adornado con el cilantro.

19. Baba Ghanush

INGREDIENTES:
- 4 berenjenas italianas grandes
- 2 dientes de ajo machacados
- 2 cucharaditas de sal kosher o al gusto
- 1 limón, en jugo o más al gusto
- 3 cucharadas de tahini o más al gusto
- 3 cucharadas de aceite de oliva virgen extra
- 2 cucharadas de yogur griego natural
- 1 pizca de pimienta de cayena o al gusto
- 1 hoja de menta fresca, picada (Opcional)
- 2 cucharadas de perejil italiano fresco picado

INSTRUCCIONES:
a) Precalienta una parrilla al aire libre a fuego medio-alto y engrasa ligeramente la parrilla.
b) Pincha la superficie de la piel de la berenjena varias veces con la punta de un cuchillo.
c) Coloca las berenjenas directamente sobre la parrilla. Voltee frecuentemente con unas pinzas mientras la piel se carboniza.
d) Cocine hasta que las berenjenas se hayan derrumbado y estén muy suaves, aproximadamente de 25 a 30 minutos.
e) Transfiera a un bol, cubra bien con papel de aluminio y deje enfriar durante unos 15 minutos.
f) Cuando las berenjenas estén lo suficientemente frías como para manipularlas, divídalas por la mitad y raspe la pulpa y colóquela en un colador colocado sobre un tazón.
g) Escurrir durante 5 o 10 minutos.
h) Transfiera la berenjena a un tazón y agregue el ajo machacado y la sal.
i) Triture hasta que esté cremoso pero con un poco de textura, aproximadamente 5 minutos.
j) Incorpora el jugo de limón, el tahini, el aceite de oliva y la pimienta de cayena.
k) Agrega el yogur.
l) Cubra el recipiente con film transparente y refrigere hasta que esté completamente frío, aproximadamente 3 o 4 horas.
m) Pruebe para ajustar los condimentos.
n) Antes de servir, agregue la menta picada y el perejil picado.

20.Labneh (queso para untar con yogur)

INGREDIENTES:
- 2 tazas de yogur natural
- 1/2 cucharadita de sal
- Aceite de oliva para rociar
- Hierbas frescas (como menta o tomillo), picadas

INSTRUCCIONES:
a) Mezcla el yogur con sal y colócalo en un colador forrado con una gasa sobre un bol.
b) Deje que el yogur se escurra en el refrigerador durante al menos 24 horas, o hasta que alcance una consistencia espesa similar a la del queso crema.
c) Transfiera el labneh a un plato para servir, rocíe con aceite de oliva y espolvoree con hierbas frescas.

21. Dip de za'atar y aceite de oliva

INGREDIENTES:
- 3 cucharadas de mezcla de especias za'atar
- 1/4 taza de aceite de oliva
- pan pita para servir

INSTRUCCIONES:
a) En un tazón pequeño, mezcle za'atar con aceite de oliva para crear una pasta espesa.
b) Sirva como salsa con pan de pita fresco o tostado.

22. Laban Bi Khiar (salsa de yogur y pepino)

INGREDIENTES:
- 1 taza de yogur griego
- 1 pepino, finamente picado
- 2 dientes de ajo, picados
- 2 cucharadas de menta fresca, picada
- Sal y pimienta para probar
- Aceite de oliva para rociar

INSTRUCCIONES:
a) Mezcle el yogur griego, el pepino cortado en cubitos, el ajo picado y la menta picada en un bol.
b) Condimentar con sal y pimienta.
c) Rocíe con aceite de oliva antes de servir.

23. Sambousek (empanadas de carne libanesas)

INGREDIENTES:
1 libra de cordero o ternera molida
1 cebolla, finamente picada
1/4 taza de piñones
2 cucharadas de aceite de oliva
1 cucharadita de pimienta de Jamaica molida
Sal y pimienta para probar
1 paquete de masa filo
Mantequilla derretida para cepillar

INSTRUCCIONES:
En una sartén, sofreír las cebollas en aceite de oliva hasta que estén transparentes. Agregue la carne molida y cocine hasta que se dore.
Agregue los piñones, la pimienta de Jamaica, la sal y la pimienta. Deja que la mezcla se enfríe.
Precalienta el horno a 350°F (180°C).
Corte la masa filo en cuadrados, vierta la mezcla de carne en cada cuadrado y dóblela formando un triángulo.
Colóquelos en una bandeja para hornear, unte con mantequilla derretida y hornee hasta que estén dorados.

24. Fatayer de queso libanés

INGREDIENTES:
2 tazas de queso feta, desmenuzado
1 taza de queso ricota
1 huevo
1/4 taza de menta fresca picada
1/4 taza de perejil fresco picado
1 paquete de masa para pizza o masa casera

INSTRUCCIONES:
Precalienta el horno a 375°F (190°C).
En un tazón, combine el queso feta desmenuzado, el queso ricotta, el huevo, la menta picada y el perejil picado. Mezclar bien hasta que todos los ingredientes estén bien combinados.
Extienda la masa de pizza sobre una superficie ligeramente enharinada. Con un cortador redondo o un vaso, corte círculos de la masa, cada uno de unos 10 cm (4 pulgadas) de diámetro.
Coloca una cucharada de la mezcla de queso en el centro de cada círculo de masa.
Dobla los bordes de la masa sobre el relleno, creando una forma de triángulo o barco. Pellizca los bordes para sellar la masa.
Coloque la masa rellena en una bandeja para hornear forrada con papel pergamino.
Repite el proceso hasta llenar todos los círculos de masa.
Hornea en el horno precalentado durante 15-20 minutos o hasta que el fatayer esté dorado.
Retirar del horno y dejar enfriar unos minutos antes de servir.
Opcionalmente, puedes cepillar la parte superior del fatayer con un poco de aceite de oliva para darle más brillo.

25.Kebabs de zumaque libanés

INGREDIENTES:
1 libra (450 g) de carne molida magra o cordero
1 cebolla grande, finamente rallada
2 cucharadas de aceite de oliva
2 cucharadas de zumaque molido
1 cucharadita de comino molido
1 cucharadita de cilantro molido
1 cucharadita de pimentón molido
1 cucharadita de sal
1/2 cucharadita de pimienta negra
2 dientes de ajo, picados
1/4 taza de perejil fresco picado
Brochetas, remojadas en agua si son de madera.

INSTRUCCIONES:
En un tazón grande, combine la carne molida, la cebolla rallada, el aceite de oliva, el zumaque molido, el comino, el cilantro, el pimentón, la sal, la pimienta negra, el ajo picado y el perejil picado. Mezcle bien los ingredientes hasta que estén bien combinados. A menudo resulta útil utilizar las manos para este paso.

Cubre el recipiente con film transparente y deja marinar la mezcla en el refrigerador durante al menos 1 hora, permitiendo que los sabores se mezclen.

Precalienta tu parrilla o sartén a fuego medio-alto.

Coger un puñado de la mezcla de carne y moldearla sobre las brochetas formando kebabs alargados.

Ase los kebabs durante unos 10 a 15 minutos, volteándolos de vez en cuando, hasta que estén bien cocidos y tengan un agradable carbón por fuera.

Sirve las brochetas de zumaque con tus guarniciones favoritas, como pan de pita, hummus o una ensalada fresca.

Opcionalmente, exprime un poco de jugo de limón sobre los kebabs antes de servirlos para darle una explosión extra de sabor.

26.Kofta de cordero especiado y hierbas

INGREDIENTES:
1 libra (450 g) de cordero molido
1 cebolla pequeña, finamente rallada
2 dientes de ajo, picados
1/4 taza de menta fresca, finamente picada
1/4 taza de perejil fresco, finamente picado
1 cucharadita de comino molido
1 cucharadita de cilantro molido
1/2 cucharadita de canela molida
1/2 cucharadita de pimentón molido
Sal y pimienta negra, al gusto.
Aceite de oliva (para asar)
Brochetas, remojadas en agua si son de madera.

INSTRUCCIONES:
En un tazón grande, combine el cordero molido, la cebolla rallada, el ajo picado, la menta picada, el perejil picado, el comino, el cilantro, la canela, el pimentón, la sal y la pimienta negra.
Mezcle bien los ingredientes hasta que estén bien combinados.
Cubre el recipiente con film transparente y deja que la mezcla se enfríe en el refrigerador durante al menos 30 minutos para permitir que los sabores se mezclen.
Precalienta tu parrilla o sartén a fuego medio-alto.
Tomar una porción de la mezcla de cordero y moldearla en las brochetas, formando formas alargadas de kofta.
Unte la kofta con un poco de aceite de oliva para evitar que se pegue a la parrilla.
Ase los kofta durante unos 10 a 15 minutos, volteándolos de vez en cuando, hasta que estén bien cocidos y tengan un agradable carbón por fuera.
Sirva el kofta de cordero especiado y hierbas con sus acompañamientos favoritos, como arroz, pan plano o salsa a base de yogur.
Adorne con menta y perejil picados adicionales antes de servir para darle frescura.
¡Disfruta de estos sabrosos kofta de cordero y hierbas especiados como delicioso plato principal o aperitivo!

27.Chips de pita libaneses

INGREDIENTES:
4-6 rondas de pan de pita integral o blanco
Aceite de oliva
Sal al gusto
Opcional: ajo en polvo, pimentón, comino o tu mezcla de condimentos favorita

INSTRUCCIONES:
Precalienta tu horno a 375°F (190°C).
Corta cada pan de pita en gajos o triángulos. Puedes separar las dos capas de cada pita para obtener chips más finos.
Coloque las rodajas de pita en una bandeja para hornear en una sola capa.
Unte ligeramente cada trozo con aceite de oliva. Puedes usar una brocha de repostería o rociar el aceite y esparcirlo uniformemente con las manos.
Espolvorea las rodajas de pita con sal. Si lo desea, agregue condimentos opcionales como ajo en polvo, pimentón, comino o su mezcla de condimentos favorita.
Coloque la bandeja para hornear en el horno precalentado y hornee durante unos 10 a 12 minutos o hasta que los chips de pita estén dorados y crujientes.
Vigílalos para evitar que se quemen.
Deje que los chips de pita se enfríen en la bandeja para hornear durante unos minutos. Continuarán crujientes a medida que se enfríen.
Una vez que estén completamente fríos, transfiera los chips de pita a un tazón o plato para servir.
Sirva con sus salsas favoritas como hummus, tzatziki o salsa.

28.Ghraybeh (galletas de mantequilla libanesas)

INGREDIENTES:
1 taza de mantequilla sin sal, ablandada
1 taza de azúcar en polvo
2 tazas de harina para todo uso
1 taza de maicena
1/2 cucharadita de agua de rosas o de azahar (opcional)
Almendras o pistachos enteros blanqueados (para decorar)

INSTRUCCIONES:
Precalienta tu horno a 300°F (150°C).
En un tazón grande, bata la mantequilla ablandada y el azúcar en polvo hasta que esté suave y esponjosa.
Si lo usa, agregue agua de rosas o agua de azahar a la mezcla de mantequilla y azúcar y mezcle bien.
En un recipiente aparte, tamice la harina para todo uso y la maicena.
Agregue gradualmente los ingredientes secos tamizados a la mezcla de mantequilla y azúcar, revolviendo continuamente hasta que estén bien combinados. La masa debe quedar suave y fácil de manipular.
Tome pequeñas porciones de masa y déles forma de pequeñas rondas o medias lunas. Puedes usar una prensa para galletas o simplemente enrollarlas en tus manos.
Coloque una almendra o pistacho entero blanqueado encima de cada galleta, presionándolo ligeramente contra la masa.
Coloque las galletas con forma en una bandeja para hornear forrada con papel pergamino.
Hornea en el horno precalentado durante unos 20-25 minutos o hasta que los bordes estén ligeramente dorados. Las galletas deben quedar pálidas por encima.
Deje que el Ghraybeh se enfríe en la bandeja para hornear durante unos minutos antes de transferirlo a una rejilla para que se enfríe por completo.
Ghraybeh se sirve tradicionalmente con café o té árabe. Son delicados, mantecosos y tienen una textura quebradiza.

PLATO PRINCIPAL

29. Bamia libanesa (estofado de okra)

INGREDIENTES:
1 libra (450 g) de okra fresca, lavada y recortada
1 libra (450 g) de carne para estofado de res, en cubitos
1 cebolla grande, finamente picada
3 dientes de ajo, picados
2 tazas de tomates, cortados en cubitos (frescos o enlatados)
1/4 taza de pasta de tomate
1/4 taza de aceite de oliva
2 cucharadas de jugo de limón
1 cucharadita de cilantro molido
1 cucharadita de comino molido
1 cucharadita de pimentón
Sal y pimienta negra, al gusto.
4 tazas de caldo de carne o de verduras
Arroz cocido o pan plano para servir

INSTRUCCIONES:
En una olla grande, calienta el aceite de oliva a fuego medio.
Agregue las cebollas picadas y saltee hasta que se vuelvan transparentes.
Agregue el ajo picado a la olla y saltee por un minuto más hasta que esté fragante.
Agregue la carne del estofado de ternera en cubos a la olla y dore por todos lados.
Agregue los tomates cortados en cubitos, la pasta de tomate, el cilantro molido, el comino molido, el pimentón, la sal y la pimienta negra. Cocine por unos minutos hasta que los tomates comiencen a descomponerse.
Vierta el caldo de carne o de verduras y hierva la mezcla.
Reduzca el fuego a bajo, cubra la olla y déjelo hervir a fuego lento durante unos 30 minutos para permitir que los sabores se mezclen y la carne se ablande.
Agrega la okra lavada y recortada a la olla. Cocine a fuego lento durante 15 a 20 minutos más hasta que la okra esté bien cocida.
Agrega el jugo de limón y ajusta el condimento al gusto.
Sirva la Bamia caliente sobre arroz cocido o con pan plano.

30. Arroz libanés con fideos (Roz bel Shaghriyeh)

INGREDIENTES:
1 taza de arroz blanco de grano largo
1/2 taza de fideos, partidos en trozos pequeños
2 cucharadas de mantequilla sin sal o aceite de oliva
2 tazas de caldo de pollo o vegetales
Sal al gusto

INSTRUCCIONES:
Enjuague el arroz con agua fría hasta que el agua salga clara. Esto ayuda a eliminar el exceso de almidón y evita que el arroz quede demasiado pegajoso.
En una cacerola u olla grande, derrita la mantequilla (o caliente el aceite de oliva) a fuego medio.
Añade los trozos de fideos partidos y saltea hasta que se doren. Revuelva con frecuencia para asegurar un tostado uniforme.
Una vez que los fideos estén dorados, agrega el arroz enjuagado a la olla. Revuelva bien para cubrir el arroz y los fideos con la mantequilla.
Vierta el caldo de pollo o de verduras. Agrega sal al gusto. Lleva la mezcla a ebullición.
Reduzca el fuego a bajo, cubra la olla con una tapa hermética y cocine a fuego lento durante 15 a 20 minutos o hasta que el arroz esté tierno y haya absorbido el líquido.
Una vez cocido, retira la olla del fuego pero mantén la tapa puesta. Deje que el arroz se cocine al vapor durante 10 minutos más. Esto ayuda a que el arroz quede ligero y esponjoso.
Utilice un tenedor para esponjar suavemente el arroz y los fideos. Transfiera el arroz libanés con fideos a una fuente para servir y sírvalo como una deliciosa guarnición.

31. Shawarma de pollo libanés

INGREDIENTES:
Para la marinada:

700 g (1,5 libras) de muslos de pollo deshuesados y sin piel
1 cebolla grande, finamente rallada
4 dientes de ajo, picados
1/4 taza de yogur natural
3 cucharadas de aceite de oliva
1 cucharada de comino molido
1 cucharada de cilantro molido
1 cucharadita de pimentón molido
1 cucharadita de cúrcuma molida
1 cucharadita de canela molida
1 cucharadita de pimienta de Jamaica molida
Sal y pimienta negra, al gusto.
Jugo de 1 limón
Para servir:

Pan de pita o panes planos
Salsa tzatziki o salsa de ajo
Tomates rebanados
Pepinos rebanados
lechuga picada
Pepinillos

INSTRUCCIONES:
En un tazón, combine la cebolla rallada, el ajo picado, el yogur, el aceite de oliva, el comino molido, el cilantro molido, el pimentón, la cúrcuma, la canela, la pimienta de Jamaica, la sal, la pimienta negra y el jugo de limón. Mezclar bien para formar una marinada suave.
Corta los muslos de pollo en tiras finas.
Agrega las tiras de pollo a la marinada, asegurándote de que cada pieza esté bien cubierta.
Cubre el recipiente y deja marinar el pollo en el refrigerador durante al menos 2 horas, o toda la noche para obtener el máximo sabor.
Precalienta tu horno a 425°F (220°C).

Enhebre las tiras de pollo marinadas en brochetas o colóquelas en una bandeja para hornear forrada con papel pergamino.
Hornee en el horno precalentado durante unos 20-25 minutos o hasta que el pollo esté bien cocido y tenga una agradable carbonilla en los bordes.
Calentar el pan de pita o los panes planos.
Unte una cantidad generosa de salsa tzatziki o salsa de ajo sobre cada pan.
Coloca una porción del pollo cocido encima de la salsa.
Agregue tomates en rodajas, pepinos, lechuga y pepinillos.
Enrolle el pan alrededor de los rellenos, creando una envoltura o sándwich.
Sirve el Shawarma de pollo libanés inmediatamente.

32.Sándwich de falafel pita con salsa tahini

INGREDIENTES:
- 12 falafel congelados
- ¼ de taza de tahini
- ¼ taza de agua
- 2 cucharadas de jugo de limón
- 2 dientes de ajo, picados
- ¼ cucharadita de pimentón molido
- 6 pitas integrales
- 1 cabeza de lechuga, rallada
- 1 tomate, cortado en gajos finos
- ½ pepino, pelado y rebanado
- 1 pepinillo encurtido bajo en sodio, en rodajas
- ¼ de cebolla morada pequeña, cortada en rodajas finas
- 3 cucharaditas de harissa o al gusto (Opcional)

INSTRUCCIONES:
a) Precalienta el horno a 450 grados F (230 grados C). Coloque el falafel en una bandeja para hornear.
b) Hornee el falafel en el horno precalentado hasta que esté completamente caliente, de 8 a 10 minutos.
c) Mientras se hornean los falafel, mezcle el tahini, el agua, el jugo de limón, el ajo picado y el pimentón en un tazón.
d) Corte aproximadamente 1 pulgada de la parte superior de cada pita para formar un bolsillo.
e) Agregue 2 falafel a cada pita, junto con cantidades iguales de lechuga, tomate, pepino, pepinillo y cebolla morada.
f) Rocíe cada sándwich de pita con aproximadamente 1 cucharada de salsa tahini.
g) Opcionalmente, agregue harissa para darle un toque extra, ajustando la cantidad al gusto.
h) Sirve los sándwiches de falafel pita inmediatamente mientras estén calientes y disfruta de la mezcla de sabores.

33. Membrillo Relleno De Cordero Con Granada Y Cilantro

INGREDIENTES:
- 14 oz / 400 g de cordero molido
- 1 diente de ajo, machacado
- 1 chile rojo, picado
- ⅔ oz / 20 g de cilantro picado, más 2 cucharadas para decorar
- ½ taza / 50 g de pan rallado
- 1 cucharadita de pimienta de Jamaica molida
- 2 cucharadas de jengibre fresco finamente rallado
- 2 cebollas medianas, finamente picadas (1⅓ tazas / 220 g en total)
- 1 huevo grande de corral
- 4 membrillos (2¾ lb / 1,3 kg en total)
- jugo de ½ limón, más 1 cucharada de jugo de limón recién exprimido
- 3 cucharadas de aceite de oliva
- 8 vainas de cardamomo
- 2 cucharaditas de melaza de granada
- 2 cucharaditas de azúcar
- 2 tazas / 500 ml de caldo de pollo
- semillas de ½ granada
- sal y pimienta negra recién molida

INSTRUCCIONES:
a) Coloque el cordero en un tazón junto con el ajo, el chile, el cilantro, el pan rallado, la pimienta de Jamaica, la mitad del jengibre, la mitad de la cebolla, el huevo, ¾ de cucharadita de sal y un poco de pimienta. Mezclar bien con las manos y reservar.

b) Pelar los membrillos y cortarlos por la mitad a lo largo. Ponlas en un bol con agua fría con el zumo de ½ limón para que no se doren. Use una sacabolas de melón o una cuchara pequeña para quitar las semillas y luego ahueque las mitades de membrillo para que quede una cáscara de ⅔ de pulgada / 1,5 cm. Guarde la carne extraída. Rellenar los huecos con la mezcla de cordero, empujando hacia abajo con las manos.

c) Calienta el aceite de oliva en una sartén grande que tengas tapa. Coloque la pulpa de membrillo reservada en un procesador de alimentos, pique bien y luego transfiera la mezcla a la sartén junto con el resto de la cebolla, el jengibre y las vainas de cardamomo. Saltee durante 10 a 12 minutos, hasta que la cebolla se ablande. Agrega la melaza, 1 cucharada de jugo de limón, el azúcar, el caldo, ½ cucharadita de sal y un poco de pimienta negra y mezcla bien. Agregue las mitades de membrillo a la salsa, con el relleno de carne hacia arriba, baje el fuego a fuego lento, cubra la sartén y cocine por unos 30 minutos. Al final el membrillo debe quedar completamente blando, la carne bien cocida y la salsa espesa. Levante la tapa y cocine a fuego lento durante uno o dos minutos para reducir la salsa si es necesario.

d) Sirva caliente o a temperatura ambiente, espolvoreado con cilantro y semillas de granada.

34.Al revés (Maqluba)

INGREDIENTES:
- 7 tazas de agua
- 2 cebollas picadas
- 1 cucharada de ajo picado
- 1 cucharadita de canela molida
- 1 cucharadita de cúrcuma molida
- 2 cucharaditas de garam masala
- Sal y pimienta negra molida al gusto.
- 2 tazas de aceite de cocina
- 2 tazas de carne de cordero, cortada en trozos pequeños
- 1 berenjena grande, cortada en rodajas de 3/4 de pulgada
- 2 calabacines, cortados en rodajas de 1/4 de pulgada
- 1 taza de brócoli
- 1 taza de coliflor
- 1 ½ tazas de arroz jazmín
- 1 recipiente (16 onzas) de yogur natural

INSTRUCCIONES:
a) En una olla grande, hierva agua, cebolla picada, ajo picado, canela molida, cúrcuma molida, garam masala, sal y pimienta.
b) Agregue el cordero a la mezcla hirviendo, reduzca el fuego a bajo y cocine a fuego lento durante 15 a 20 minutos.
c) Separar el cordero del líquido y reservar. Transfiera el líquido a un bol.
d) Caliente el aceite de cocina en una sartén grande y profunda a fuego medio.
e) Freír las rodajas de berenjena hasta que se doren por ambos lados, luego retirarlas y escurrirlas sobre toallas de papel.
f) Repita el proceso de fritura para el calabacín y la coliflor. Cocine el brócoli en aceite hasta que esté caliente, luego escúrralo sobre toallas de papel.
g) Coloque el cordero en capas en el fondo de la olla grande.
h) Coloca la berenjena frita, el calabacín, el brócoli y la coliflor encima del cordero en capas.
i) Vierta arroz jazmín sobre la carne y las verduras, agitando suavemente la olla para que el arroz se asiente.

j) Vierte el líquido de cocción reservado del cordero sobre la mezcla hasta cubrir por completo. Agregue agua si es necesario.
k) Tapa la olla y cocina a fuego lento hasta que el arroz esté suave y el líquido se absorba, aproximadamente de 30 a 45 minutos.
l) Retire la tapa de la olla.
m) Coloque un plato grande sobre la olla y voltee la olla para que el plato quede "boca abajo" sobre el plato.
n) Sirva con yogur a un lado.

35. Carne De Res Y Membrillo

INGREDIENTES:
- 1 kilo de carne
- 2 cucharaditas de pasta de ajo
- 2 kilos de membrillo
- 1 cucharadita de azúcar
- 1 litro de jugo de granada agria
- 2 cucharaditas de menta (finamente picada)
- 5 cucharaditas de pasta de tomate
- 1 cucharadita de sal

INSTRUCCIONES:

a) Corta la carne en trozos medianos y ponla en una cacerola. Agrega agua y deja que se cocine bien a fuego medio.

b) Añade todos los ingredientes al cazo menos el membrillo y deja que se cocinen bien.

c) Corta el membrillo en trozos medianos y agrégalos a la cacerola.

d) Una vez cocido servir en un plato, preferiblemente con arroz blanco como guarnición.

36.Pollo y Arroz Baharat

INGREDIENTES:
MEZCLA DE ESPECIAS DE BAHARAT:
- 1 ½ cucharada de pimentón fuerte
- 1 cucharada de pimienta negra molida
- 1 cucharada de comino
- ¾ cucharada de cilantro molido
- ¾ cucharada de loomi molido (lima seca)
- ½ cucharada de zumaque en polvo
- ¼ de cucharada de canela molida
- ¼ de cucharada de clavo molido
- ¼ de cucharada de nuez moscada molida
- 5 vainas de cardamomo verde, trituradas
- 2 vainas de cardamomo negro, trituradas

POLLO Y ARROZ:
- ½ manojo de cilantro fresco
- 2 cucharadas de aceite de oliva
- ½ limón fresco, exprimido
- 2 muslos de pollo
- 2 muslos de pollo
- 1 pechuga de pollo
- 1 ½ tazas de arroz basmati integral
- ¼ de taza de anacardos crudos
- ¼ de taza de almendras crudas sin cáscara
- ¼ taza de pasas doradas
- ⅛ taza de pistachos crudos sin cáscara
- 2 cucharaditas de aceite de oliva
- 1 chalota, cortada en cubitos
- 1 taza de caldo de pollo

INSTRUCCIONES:
PREPARAR LA MEZCLA DE ESPECIAS:
a) Mezcle pimentón, pimienta negra, comino, cilantro, loomi, zumaque, canela, clavo, nuez moscada, cardamomo verde y cardamomo negro en un tazón mediano. Dejar de lado.

POLLO MARINADO:
b) En una bolsa de plástico con cierre, combine el cilantro, 2 cucharadas de aceite de oliva, jugo de limón y 1 cucharada de la mezcla de especias.

c) Agregue los muslos, las piernas y la pechuga de pollo a la bolsa. Selle y agite para cubrir. Marinar en el frigorífico durante al menos 4 horas.

PREPARAR LA MEZCLA DE ARROZ:

d) Coloque el arroz en un tazón grande, cúbralo con agua y déjelo en remojo durante al menos 1 hora.
e) Escurrir y enjuagar el arroz, luego devolverlo al bol. Agrega anacardos, almendras, pasas y pistachos al arroz. Agrega 1 cucharada de la mezcla de especias y mezcla bien. Dejar de lado.
f) Precalienta el horno a 375 grados F (190 grados C).
g) Calienta 2 cucharaditas de aceite de oliva en una cacerola o tagine a fuego medio. Cocine y revuelva la chalota hasta que esté transparente, de 1 a 3 minutos. Apaga el fuego.
h) Agregue la mezcla de arroz hasta que esté bien combinado.

MONTAR Y HORNEAR:

i) Retire y deseche el cilantro de la bolsa con el pollo.
j) Vierta el pollo marinado sobre la mezcla de arroz en la olla.
k) Vierta el caldo de pollo en la bolsa reservada, agite suavemente y vierta sobre el pollo y el arroz.
l) Cubra la olla y hornee en el horno precalentado hasta que el arroz esté tierno y el pollo esté completamente cocido (aproximadamente 75 minutos).
m) Un termómetro de lectura instantánea insertado en el centro del pollo debe marcar al menos 165 grados F (74 grados C).

37. Batatas asadas e higos frescos

INGREDIENTES:
- 4 batatas pequeñas (2¼ lb / 1 kg en total)
- 5 cucharadas de aceite de oliva
- 3 cucharadas / 40 ml de vinagre balsámico (puede utilizar uno comercial en lugar de uno añejo premium)
- 1½ cucharada / 20 g de azúcar extrafina
- 12 cebollas verdes, partidas por la mitad a lo largo y cortadas en gajos de 4 cm / 1½ pulgadas
- 1 chile rojo, en rodajas finas
- 6 higos maduros (8½ oz / 240 g en total), cortados en cuartos
- 5 oz / 150 g de queso tierno de leche de cabra (opcional)
- Sal marina maldon y pimienta negra recién molida

INSTRUCCIONES:
a) Precalienta el horno a 475°F / 240°C.
b) Lave las batatas, córtelas por la mitad a lo largo y luego vuelva a cortar cada mitad de la misma manera en 3 gajos largos. Mezclar con 3 cucharadas de aceite de oliva, 2 cucharaditas de sal y un poco de pimienta negra. Extienda las rodajas, con la piel hacia abajo, en una bandeja para hornear y cocine durante unos 25 minutos, hasta que estén suaves pero no blandas. Retirar del horno y dejar enfriar.
c) Para hacer la reducción de balsámico, coloca el vinagre balsámico y el azúcar en una cacerola pequeña. Deje hervir, luego reduzca el fuego y cocine a fuego lento durante 2 a 4 minutos, hasta que espese. Asegúrate de retirar la sartén del fuego cuando el vinagre aún esté más líquido que la miel; continuará espesándose a medida que se enfríe. Agregue una gota de agua antes de servir si se vuelve demasiado espesa para rociar.
d) Coloca las batatas en una fuente para servir. Calienta el aceite restante en una cacerola mediana a fuego medio y agrega las cebolletas y el chile. Fríe durante 4 a 5 minutos, revolviendo con frecuencia para asegurarse de no quemar el chile. Vierta el aceite, la cebolla y el chile sobre los camotes. Coloque los higos entre los gajos y luego rocíe sobre la reducción de balsámico. Servir a temperatura ambiente. Desmenuza el queso por encima, si lo usas.

38.El gordo de Na'ama

INGREDIENTES:

- 1 taza/200 g de yogur griego y ¾ de taza más 2 cucharadas/200 ml de leche entera, o 1⅔ de taza/400 ml de suero de leche (en sustitución del yogur y la leche)
- 2 panes planos turcos duros grandes o naan (9 oz / 250 g en total)
- 3 tomates grandes (380 g / 13 oz en total), cortados en dados de 1,5 cm / ⅔ de pulgada
- 3½ oz / 100 g de rábanos, en rodajas finas
- 3 pepinos libaneses o mini (9 oz / 250 g en total), pelados y cortados en dados de ⅔ de pulgada / 1,5 cm
- 2 cebollas verdes, en rodajas finas
- ½ oz / 15 g de menta fresca
- 1 oz / 25 g de perejil de hoja plana, picado en trozos grandes
- 1 cucharada de menta seca
- 2 dientes de ajo machacados
- 3 cucharadas de jugo de limón recién exprimido
- ¼ de taza / 60 ml de aceite de oliva, más un poco más para rociar
- 2 cucharadas de vinagre de sidra o vino blanco
- ¾ cucharadita de pimienta negra recién molida
- 1½ cucharadita de sal
- 1 cucharada de zumaque o más al gusto, para decorar

INSTRUCCIONES:

a) Si usa yogur y leche, comience con al menos 3 horas y hasta un día de anticipación colocando ambos en un recipiente. Batir bien y dejar en lugar fresco o en el frigorífico hasta que se formen burbujas en la superficie. Lo que obtienes es una especie de suero de leche casero, pero menos ácido.

b) Corte el pan en trozos pequeños y colóquelo en un tazón grande para mezclar. Agrega tu mezcla de yogur fermentado o suero de leche comercial, seguido del resto de los ingredientes, mezcla bien y deja reposar 10 minutos para que se combinen todos los sabores.

c) Vierta el fattoush en tazones para servir, rocíe con un poco de aceite de oliva y decore con zumaque.

39. Berenjenas asadas con cebolla frita

INGREDIENTES:
- 2 berenjenas grandes, cortadas por la mitad a lo largo y con el tallo puesto (aproximadamente 1⅔ lb/750 g en total)
- ⅔ taza / 150 ml de aceite de oliva
- 4 cebollas (aproximadamente 1¼ lb / 550 g en total), en rodajas finas
- 1½ chiles verdes
- 1½ cucharadita de comino molido
- 1 cucharadita de zumaque
- 1¾ oz / 50 g de queso feta, partido en trozos grandes
- 1 limón mediano
- 1 diente de ajo, machacado
- sal y pimienta negra recién molida

INSTRUCCIONES:

a) Precalienta el horno a 425°F / 220°C.

b) Marque el lado cortado de cada berenjena con un patrón entrecruzado. Unte los lados cortados con 6½ cucharadas / 100 ml de aceite y espolvoree generosamente con sal y pimienta. Colóquelos en una bandeja para hornear, con el lado cortado hacia arriba y ase en el horno durante unos 45 minutos, hasta que la pulpa esté dorada y completamente cocida.

c) Mientras se asan las berenjenas, agregue el aceite restante a una sartén grande y colóquela a fuego alto. Agregue las cebollas y ½ cucharadita de sal y cocine durante 8 minutos, revolviendo con frecuencia, para que partes de la cebolla se pongan muy oscuras y crujientes. Quita las semillas y pica los chiles, manteniendo el entero separado de la mitad. Agregue el comino molido, el zumaque y el chile entero picado y cocine por 2 minutos más antes de agregar el queso feta. Cocine por un último minuto, sin revolver mucho, luego retire del fuego.

d) Utilice un cuchillo de sierra pequeño para quitar la piel y la médula del limón. Pique la pulpa en trozos grandes, deseche las semillas y coloque la pulpa y el jugo en un bol con el ½ chile restante y el ajo.

e) Montar el plato en cuanto las berenjenas estén listas. Transfiera las mitades asadas a una fuente para servir y vierta la salsa de limón sobre la pulpa. Calentar un poco las cebollas y echarlas con una cuchara. Sirva caliente o reserve para que alcance la temperatura ambiente.

40. Calabaza asada con za'atar

INGREDIENTES:
- 1 calabaza grande (2½ lb / 1,1 kg en total), cortada en gajos de ¾ por 2½ pulgadas / 2 por 6 cm
- 2 cebollas moradas, cortadas en gajos de 3 cm / 1¼ de pulgada
- 3½ cucharadas / 50 ml de aceite de oliva
- 3½ cucharadas de pasta tahini ligera
- 1½ cucharada de jugo de limón
- 2 cucharadas de agua
- 1 diente de ajo pequeño, machacado
- 3½ cucharadas / 30 g de piñones
- 1 cucharada de za'atar
- 1 cucharada de perejil de hoja plana picado en trozos grandes
- Sal marina maldon y pimienta negra recién molida

INSTRUCCIONES:
a) Precalienta el horno a 475°F / 240°C.
b) Coloque la calabaza y la cebolla en un tazón grande, agregue 3 cucharadas de aceite, 1 cucharadita de sal y un poco de pimienta negra y revuelva bien. Extienda sobre una bandeja para hornear con la piel hacia abajo y ase en el horno durante 30 a 40 minutos, hasta que las verduras hayan tomado algo de color y estén bien cocidas. Esté atento a las cebollas, ya que pueden cocinarse más rápido que la calabaza y es necesario retirarlas antes. Sacar del horno y dejar enfriar.
c) Para hacer la salsa, coloca el tahini en un tazón pequeño junto con el jugo de limón, el agua, el ajo y ¼ de cucharadita de sal. Batir hasta que la salsa tenga la consistencia de miel, agregando más agua o tahini si es necesario.
d) Vierta la 1½ cucharadita de aceite restante en una sartén pequeña y colóquela a fuego medio-bajo. Agregue los piñones junto con ½ cucharadita de sal y cocine por 2 minutos, revolviendo con frecuencia, hasta que las nueces estén doradas. Retirar del fuego y transferir las nueces y el aceite a un tazón pequeño para detener la cocción.
e) Para servir, extienda las verduras en una fuente grande y rocíe sobre el tahini. Espolvorear por encima los piñones y su aceite, seguido del za'atar y el perejil.

41. Kuku de habas

INGREDIENTES:
- 1 libra / 500 g de habas, frescas o congeladas
- 5 cucharadas / 75 ml de agua hirviendo
- 2 cucharadas de azúcar extrafina
- 5 cucharadas / 45 g de agracejo seco
- 3 cucharadas de crema espesa
- ¼ cucharadita de hebras de azafrán
- 2 cucharadas de agua fría
- 5 cucharadas de aceite de oliva
- 2 cebollas medianas, finamente picadas
- 4 dientes de ajo machacados
- 7 huevos grandes de gallinas camperas
- 1 cucharada de harina para todo uso
- ½ cucharadita de polvo para hornear
- 1 taza / 30 g de eneldo picado
- ½ taza / 15 g de menta, picada
- sal y pimienta negra recién molida

INSTRUCCIONES:
a) Precalienta el horno a 350°F / 180°C. Pon las habas en una cacerola con abundante agua hirviendo. Cocine a fuego lento durante 1 minuto, escurra, refresque con agua fría y reserve.

b) Vierta las 5 cucharadas / 75 ml de agua hirviendo en un tazón mediano, agregue el azúcar y revuelva para que se disuelva. Una vez que este almíbar esté tibio, agregue los agracejos y déjelos por unos 10 minutos, luego escurra.

c) Pon a hervir la nata, el azafrán y el agua fría en una cacerola pequeña. Retirar inmediatamente del fuego y dejar reposar durante 30 minutos para infundir.

d) Calienta 3 cucharadas de aceite de oliva a fuego medio en una sartén antiadherente para horno de 10 pulgadas / 25 cm que tenga tapa. Agregue las cebollas y cocine durante unos 4 minutos, revolviendo ocasionalmente, luego agregue el ajo y cocine y revuelva durante 2 minutos más. Agregue las habas y reserve.

e) Batir bien los huevos en un tazón grande hasta que estén espumosos. Agrega la harina, el polvo para hornear, la crema de azafrán, las hierbas, 1½ cucharaditas de sal y ½ cucharadita de pimienta y bate bien. Finalmente, agregue los agracejos y la mezcla de habas y cebolla.

f) Limpia la sartén, agrega el aceite de oliva restante y colócala en el horno durante 10 minutos para que se caliente bien. Vierta la mezcla de huevo en la sartén caliente, cubra con la tapa y hornee por 15 minutos. Retire la tapa y hornee por otros 20 a 25 minutos, hasta que los huevos estén listos. Retirar del horno y dejar reposar durante 5 minutos, antes de invertirlo en una fuente para servir. Servir tibio o a temperatura ambiente.

Ensalada De Alcachofas Crudas Y Hierbas

42. Albóndigas de puerro al limón

INGREDIENTES:
- 6 puerros grandes recortados (aproximadamente 1¾ lb / 800 g en total)
- 9 oz / 250 g de carne molida
- 1 taza / 90 g de pan rallado
- 2 huevos grandes de gallinas camperas
- 2 cucharadas de aceite de girasol
- ¾ a 1¼ tazas / 200 a 300 ml de caldo de pollo
- ⅓ taza / 80 ml de jugo de limón recién exprimido (unos 2 limones)
- ⅓ taza / 80 g de yogur griego
- 1 cucharada de perejil de hoja plana finamente picado
- sal y pimienta negra recién molida

INSTRUCCIONES:

a) Corta los puerros en rodajas de ¾ de pulgada / 2 cm y cocínalos al vapor durante aproximadamente 20 minutos, hasta que estén completamente suaves. Escurrir y dejar enfriar, luego exprimir el agua residual con un paño de cocina. Procese los puerros en un procesador de alimentos pulsando varias veces hasta que estén bien picados pero no blandos. Coloque los puerros en un tazón grande, junto con la carne, el pan rallado, los huevos, 1¼ cucharadita de sal y 1 cucharadita de pimienta negra. Forme hamburguesas planas con la mezcla, de aproximadamente 2¾ por ¾ pulgadas / 7 por 2 cm; esto debería hacer 8. Refrigere durante 30 minutos.

b) Calienta el aceite a fuego medio-alto en una sartén grande de fondo grueso que tenga tapa. Dorar las hamburguesas por ambos lados hasta que estén doradas; Esto se puede hacer en lotes si es necesario.

c) Limpia la sartén con una toalla de papel y luego coloca las albóndigas en el fondo, superponiéndolas ligeramente si es necesario. Vierta suficiente caldo para cubrir casi, pero no del todo, las hamburguesas. Agrega el jugo de limón y ½ cucharadita de sal. Llevar a ebullición, luego tapar y cocinar a fuego lento durante 30 minutos. Retire la tapa y cocine por unos minutos más, si es necesario, hasta que casi todo el líquido se haya evaporado. Retire la sartén del fuego y déjela enfriar.

d) Sirve las albóndigas tibias o a temperatura ambiente, con una cucharada de yogur y una pizca de perejil.

43. Berenjena Chermoula con Bulgur y Yogur

INGREDIENTES:
- 2 dientes de ajo machacados
- 2 cucharaditas de comino molido
- 2 cucharaditas de cilantro molido
- 1 cucharadita de hojuelas de chile
- 1 cucharadita de pimentón dulce
- 2 cucharadas de cáscara de limón en conserva finamente picada (comprada en la tienda o ver receta)
- ⅔ taza / 140 ml de aceite de oliva, más extra para terminar
- 2 berenjenas medianas
- 1 taza / 150 g de bulgur fino
- ⅔ taza / 140 ml de agua hirviendo
- ⅓ taza / 50 g de pasas doradas
- 3½ cucharadas / 50 ml de agua tibia
- ⅓ oz / 10 g de cilantro, picado, más un poco más para terminar
- ⅓ oz / 10 g de menta, picada
- ⅓ taza / 50 g de aceitunas verdes deshuesadas, partidas por la mitad
- ⅓ taza / 30 g de almendras rebanadas, tostadas
- 3 cebollas verdes, picadas
- 1½ cucharada de jugo de limón recién exprimido
- ½ taza / 120 g de yogur griego
- sal

INSTRUCCIONES:
a) Precalienta el horno a 400°F / 200°C.
b) Para hacer la chermoula, mezcle en un tazón pequeño el ajo, el comino, el cilantro, el chile, el pimentón, el limón en conserva, dos tercios del aceite de oliva y ½ cucharadita de sal.
c) Corta las berenjenas por la mitad a lo largo. Marque la pulpa de cada mitad con marcas profundas y diagonales entrecruzadas, asegurándose de no perforar la piel. Coloque la chermoula sobre cada mitad, distribuyéndola uniformemente y colóquela en una bandeja para hornear con el lado cortado hacia arriba. Mete al horno y asa por 40 minutos, o hasta que las berenjenas estén completamente blandas.

d) Mientras tanto, coloque el bulgur en un bol grande y cúbralo con agua hirviendo.
e) Remoja las pasas en agua tibia. Pasados los 10 minutos, escurre las pasas y añádelas al bulgur, junto con el resto del aceite. Agrega las hierbas, las aceitunas, las almendras, las cebollas verdes, el jugo de limón y una pizca de sal y revuelve para combinar. Pruebe y agregue más sal si es necesario.
f) Sirve las berenjenas calientes o a temperatura ambiente. Coloque ½ berenjena, con el lado cortado hacia arriba, en cada plato individual. Coloque el bulgur encima, dejando que un poco caiga por ambos lados. Vierta un poco de yogur, espolvoree con cilantro y termine con un chorrito de aceite.

44. Coliflor frita con tahini

INGREDIENTES:

- 2 tazas / 500 ml de aceite de girasol
- 2 cabezas de coliflor medianas (2¼ lb / 1 kg en total), divididas en floretes pequeños
- 8 cebollas verdes, cada una dividida en 3 gajos largos
- ¾ taza / 180 g de pasta tahini light
- 2 dientes de ajo machacados
- ¼ de taza / 15 g de perejil de hoja plana, picado
- ¼ de taza / 15 g de menta picada, más un poco más para terminar
- ⅔ taza / 150 g de yogur griego
- ¼ de taza / 60 ml de jugo de limón recién exprimido, más ralladura de 1 limón
- 1 cucharadita de melaza de granada, más un poco más para terminar
- aproximadamente ¾ de taza / 180 ml de agua
- Sal marina maldon y pimienta negra recién molida

INSTRUCCIONES:

a) Calienta el aceite de girasol en una cacerola grande colocada a fuego medio-alto. Con un par de pinzas de metal o una cuchara de metal, coloque con cuidado algunos floretes de coliflor a la vez en el aceite y cocínelos durante 2 a 3 minutos, dándoles la vuelta para que adquieran un color uniforme. Una vez que estén dorados, use una espumadera para levantar los floretes y colocarlos en un colador para escurrirlos. Espolvorea con un poco de sal. Continuar en tandas hasta terminar toda la coliflor. A continuación, fríe las cebolletas en tandas, pero solo durante 1 minuto aproximadamente. Agréguelo a la coliflor. Deja que ambos se enfríen un poco.

b) Vierta la pasta de tahini en un tazón grande y agregue el ajo, las hierbas picadas, el yogur, el jugo y la ralladura de limón, la melaza de granada y un poco de sal y pimienta. Revuelve bien con una cuchara de madera mientras agregas el agua. La salsa tahini se espesará y luego se aflojará a medida que agregue agua. No agregue demasiado, solo lo suficiente para obtener una consistencia espesa pero suave que se pueda verter, un poco como la miel.

c) Agrega la coliflor y las cebolletas al tahini y revuelve bien. Prueba y ajusta el sazón. Quizás también quieras agregar más jugo de limón.

d) Para servir, vierta en un tazón y termine con unas gotas de melaza de granada y un poco de menta.

45. Acelgas con Tahini, Yogurt y Piñones

INGREDIENTES:
- 2¾ lb / 1,3 kg de acelgas
- 2½ cucharadas / 40 g de mantequilla sin sal
- 2 cucharadas de aceite de oliva, más un poco más para terminar
- 5 cucharadas / 40 g de piñones
- 2 dientes de ajo pequeños, cortados en rodajas muy finas
- ¼ taza / 60 ml de vino blanco seco
- pimentón dulce, para decorar (opcional)
- sal y pimienta negra recién molida

SALSA DE TAHINI Y YOGUR
- 3½ cucharadas / 50 g de pasta tahini ligera
- 4½ cucharadas / 50 g de yogur griego
- 2 cucharadas de jugo de limón recién exprimido
- 1 diente de ajo, machacado
- 2 cucharadas de agua

INSTRUCCIONES:

a) Comienza con la salsa. Coloca todos los ingredientes en un tazón mediano, agrega una pizca de sal y revuelve bien con un batidor pequeño hasta obtener una pasta suave y semirígida. Dejar de lado.

b) Utilice un cuchillo afilado para separar los tallos de acelgas blancas de las hojas verdes y córtelas ambas en rodajas de ¾ de pulgada / 2 cm de ancho, manteniéndolas separadas. Ponga a hervir una cacerola grande con agua con sal y agregue los tallos de acelgas. Cocine a fuego lento durante 2 minutos, agregue las hojas y cocine por un minuto más. Escurrir y enjuagar bien con agua fría. Deja escurrir el agua y luego usa tus manos para exprimir las acelgas hasta que estén completamente secas.

c) Pon la mitad de la mantequilla y las 2 cucharadas de aceite de oliva en una sartén grande y colócala a fuego medio. Una vez que estén calientes, agregue los piñones y revuélvalos en la sartén hasta que estén dorados, aproximadamente 2 minutos. Utilice una espumadera para sacarlos de la sartén y luego agregue el ajo. Cocine durante aproximadamente un minuto, hasta que comience a dorarse. Con cuidado (¡escupirá!) vierta el vino. Dejar reposar un minuto o menos, hasta que se reduzca a aproximadamente un tercio. Agrega las acelgas y el resto de la mantequilla y cocina de 2 a 3 minutos, revolviendo ocasionalmente, hasta que las acelgas estén completamente calientes. Sazone con ½ cucharadita de sal y un poco de pimienta negra.

d) Divida las acelgas en tazones individuales, vierta un poco de salsa tahini encima y espolvoree con los piñones. Por último, rocía con aceite de oliva y espolvorea con un poco de pimentón, si quieres.

46. Kofta B'siniyah

INGREDIENTES:
- ⅔ taza / 150 g de pasta tahini light
- 3 cucharadas de jugo de limón recién exprimido
- ½ taza / 120 ml de agua
- 1 diente de ajo mediano, machacado
- 2 cucharadas de aceite de girasol
- 2 cucharadas / 30 g de mantequilla o ghee sin sal (opcional)
- piñones tostados, para decorar
- perejil de hoja plana finamente picado, para decorar
- pimentón dulce, para decorar
- sal

KOFTA
- 14 oz / 400 g de cordero molido
- 14 oz / 400 g de ternera o res molida
- 1 cebolla pequeña (aproximadamente 5 oz / 150 g), finamente picada
- 2 dientes de ajo grandes, machacados
- 7 cucharadas / 50 g de piñones tostados, picados en trozos grandes
- ½ taza / 30 g de perejil de hoja plana finamente picado
- 1 chile rojo grande, medio picante, sin semillas y finamente picado
- 1½ cucharadita de canela molida
- 1½ cucharadita de pimienta de Jamaica molida
- ¾ cucharadita de nuez moscada rallada
- 1½ cucharadita de pimienta negra recién molida
- 1½ cucharadita de sal

INSTRUCCIONES:

a) Pon todos los ingredientes del kofta en un bol y usa tus manos para mezclar todo bien. Ahora forme dedos largos, parecidos a torpedos, de aproximadamente 3¼ pulgadas / 8 cm de largo (aproximadamente 2 oz / 60 g cada uno). Presione la mezcla para comprimirla y asegurarse de que cada kofta esté apretada y mantenga su forma. Colóquelos en un plato y enfríe hasta que esté listo para cocinarlos, hasta por 1 día.

b) Precalienta el horno a 425°F / 220°C. En un tazón mediano, mezcle la pasta de tahini, el jugo de limón, el agua, el ajo y ¼ de cucharadita de sal. La salsa debe quedar un poco más líquida que la miel; agregue de 1 a 2 cucharadas de agua si es necesario.

c) Calienta el aceite de girasol en una sartén grande a fuego alto y dora la kofta. Haga esto en tandas para que no queden apretados. Dorarlos por todos lados hasta que estén dorados, aproximadamente 6 minutos por tanda. En este punto, deberían estar a medio cocer. Saque del molde y colóquelo en una bandeja para hornear. Si quieres cocinarlos a medio o bien cocidos, mete la bandeja para hornear en el horno ahora durante 2 a 4 minutos.

d) Vierta la salsa tahini alrededor del kofta para que cubra la base de la sartén. Si lo desea, rocíe también un poco sobre el kofta, pero deje parte de la carne expuesta. Colocar en el horno durante uno o dos minutos, solo para calentar un poco la salsa.

e) Mientras tanto, si estás usando mantequilla, derrítela en una cacerola pequeña y deja que se dore un poco, cuidando que no se queme. Vierta la mantequilla sobre los kofta tan pronto como salgan del horno. Espolvorear con los piñones y el perejil y luego espolvorear con el pimentón. Servir de inmediato.

47.Sabih

INGREDIENTES:
- 2 berenjenas grandes (aproximadamente 1⅔ lb / 750 g en total)
- aproximadamente 1¼ tazas / 300 ml de aceite de girasol
- 4 rebanadas de pan blanco de buena calidad, tostado o mini pitas frescas y húmedas
- 1 taza / 240 ml de salsa tahini
- 4 huevos grandes de gallinas camperas, duros, pelados y cortados en rodajas de ⅜ de pulgada / 1 cm de grosor o en cuartos
- aproximadamente 4 cucharadas de Zhoug
- amba o pepinillo de mango salado (opcional)
- sal y pimienta negra recién molida

ENSALADA PICADA
- 2 tomates maduros medianos, cortados en dados de ⅜ de pulgada/1 cm (aproximadamente 1 taza/200 g en total)
- 2 mini pepinos, cortados en dados de ⅜ de pulgada/1 cm (aproximadamente 1 taza/120 g en total)
- 2 cebollas verdes, en rodajas finas
- 1½ cucharada de perejil de hoja plana picado
- 2 cucharaditas de jugo de limón recién exprimido
- 1½ cucharada de aceite de oliva

INSTRUCCIONES:
a) Use un pelador de verduras para pelar tiras de piel de berenjena de arriba a abajo, dejando las berenjenas con tiras alternas de piel negra y pulpa blanca, como una cebra. Corta ambas berenjenas a lo ancho en rodajas de 2,5 cm de grosor. Espolvorea sal por ambos lados, luego extiéndelas en una bandeja para horno y déjalas reposar durante al menos 30 minutos para eliminar un poco de agua. Utilice toallas de papel para limpiarlas.

b) Calentar el aceite de girasol en una sartén amplia. Con cuidado (el aceite escupe), fríe las rodajas de berenjena en tandas hasta que estén bien oscuras, volteándolas una vez, de 6 a 8 minutos en total. Agregue aceite si es necesario mientras cocina los lotes. Cuando estén listos, los trozos de berenjena deben estar completamente tiernos en el centro. Retirar de la sartén y escurrir sobre toallas de papel.

c) Haz la ensalada picada mezclando todos los ingredientes y sazonando con sal y pimienta al gusto.

d) Justo antes de servir, coloque 1 rebanada de pan o pita en cada plato. Vierta 1 cucharada de salsa tahini sobre cada rebanada, luego coloque las rodajas de berenjena encima, superpuestas. Rociamos un poco más de tahini pero sin cubrir por completo las rodajas de berenjena. Sazone cada rodaja de huevo con sal y pimienta y colóquelas sobre la berenjena. Rocíe un poco más de tahini encima y vierta tanto zhoug como desee; ¡Cuidado, hace calor! Vierta también sobre el pepinillo de mango, si lo desea. Sirva la ensalada de verduras a un lado, si lo desea, coloque un poco encima de cada porción.

48. Melaza de bayas de trigo, acelgas y granada

INGREDIENTES:
- 1⅓ lb / 600 g de acelgas o acelgas arcoíris
- 2 cucharadas de aceite de oliva
- 1 cucharada de mantequilla sin sal
- 2 puerros grandes, la parte blanca y la parte verde pálida, en rodajas finas (3 tazas/350 g en total)
- 2 cucharadas de azúcar moreno claro
- aproximadamente 3 cucharadas de melaza de granada
- 1¼ tazas / 200 g de bayas de trigo con o sin cáscara
- 2 tazas / 500 ml de caldo de pollo
- sal y pimienta negra recién molida
- yogur griego, para servir

INSTRUCCIONES:
a) Separa los tallos blancos de las acelgas de las hojas verdes con un cuchillo pequeño y afilado. Corta los tallos en rodajas de 1 cm / ⅜ de pulgada y las hojas en rodajas de 2 cm / ¾ de pulgada.
b) Calienta el aceite y la mantequilla en una sartén grande de fondo grueso. Agrega los puerros y cocina, revolviendo, de 3 a 4 minutos. Agrega los tallos de acelgas y cocina por 3 minutos, luego agrega las hojas y cocina por 3 minutos más. Agregue el azúcar, 3 cucharadas de melaza de granada y las bayas de trigo y mezcle bien. Agregue el caldo, ¾ de cucharadita de sal y un poco de pimienta negra, cocine a fuego lento y cocine a fuego lento, tapado, durante 60 a 70 minutos. El trigo debería estar al dente en este punto.
c) Retire la tapa y, si es necesario, aumente el fuego y deje que se evapore el líquido restante. La base del molde debe estar seca y con un poco de caramelo quemado. Retirar del fuego.
d) Antes de servir, pruebe y agregue más melaza, sal y pimienta si es necesario; la quieres picante y dulce, así que no seas tímido con la melaza. Sirva caliente, con una cucharada de yogur griego.

49. balila

INGREDIENTES:
- 1 taza / 200 g de garbanzos secos
- 1 cucharadita de bicarbonato de sodio
- 1 taza / 60 g de perejil de hoja plana picado
- 2 cebollas verdes, en rodajas finas
- 1 limón grande
- 3 cucharadas de aceite de oliva
- 2½ cucharaditas de comino molido
- sal y pimienta negra recién molida

INSTRUCCIONES:

a) La noche anterior, poner los garbanzos en un bol grande y cubrir con agua fría al menos el doble de su volumen. Agrega el bicarbonato de sodio y déjalo a temperatura ambiente en remojo durante la noche.

b) Escurre los garbanzos y colócalos en una cacerola grande. Cubrir con abundante agua fría y colocar a fuego alto. Llevar a ebullición, quitar la superficie del agua, luego disminuir el fuego y cocinar a fuego lento durante 1 a 1½ horas, hasta que los garbanzos estén muy suaves pero aún conserven su forma.

c) Mientras se cocinan los garbanzos, ponga el perejil y las cebolletas en un tazón grande. Pele el limón cubriéndolo y colocándolo sobre una tabla y pasando un cuchillo pequeño y afilado por sus curvas para quitarle la piel y la médula blanca. Deseche la piel, la médula y las semillas y pique la pulpa en trozos grandes. Agrega la pulpa y todos los jugos al bol.

d) Una vez que los garbanzos estén listos, los escurrimos y los añadimos al bol mientras aún estén calientes. Agregue el aceite de oliva, el comino, ¾ de cucharadita de sal y un buen molido de pimienta. Mezclar bien. Deje enfriar hasta que esté tibio, pruebe el condimento y sirva.

50.Arroz con azafrán, agracejo y pistacho

INGREDIENTES:
- 2½ cucharadas / 40 g de mantequilla sin sal
- 2 tazas / 360 g de arroz basmati, enjuagado con agua fría y bien escurrido
- 2⅓ tazas / 560 ml de agua hirviendo
- 1 cucharadita de hebras de azafrán, remojadas en 3 cucharadas de agua hirviendo durante 30 minutos
- ¼ de taza / 40 g de agracejo seco, remojados unos minutos en agua hirviendo con una pizca de azúcar
- 1 oz / 30 g de eneldo, picado en trozos grandes
- ⅔ oz / 20 g de perifollo, picado en trozos grandes
- ⅓ oz / 10 g de estragón, picado en trozos grandes
- ½ taza / 60 g de pistachos sin sal en rodajas o triturados, ligeramente tostados
- sal y pimienta blanca recién molida

INSTRUCCIONES:

a) Derrita la mantequilla en una cacerola mediana y agregue el arroz, asegurándose de que los granos queden bien cubiertos de mantequilla. Agrega el agua hirviendo, 1 cucharadita de sal y un poco de pimienta blanca. Mezclar bien, tapar con una tapa hermética y dejar cocer a fuego muy lento durante 15 minutos. No caigas en la tentación de destapar la sartén; Tendrás que dejar que el arroz se cocine al vapor adecuadamente.

b) Retire la cacerola de arroz del fuego (el arroz habrá absorbido toda el agua) y vierta el agua con azafrán sobre un lado del arroz, cubriendo aproximadamente una cuarta parte de la superficie y dejando la mayor parte blanca. Cubra la cacerola inmediatamente con un paño de cocina y vuelva a cerrarla herméticamente con la tapa. Reservar de 5 a 10 minutos.

c) Use una cuchara grande para quitar la parte blanca del arroz y colóquela en un tazón grande y esponje con un tenedor. Escurre los agracejos y revuélvelos, seguido de las hierbas y la mayoría de los pistachos, dejando algunos para decorar. Mezclar bien.

d) Revuelva el arroz con azafrán con un tenedor e incorpórelo suavemente al arroz blanco. No mezcle demasiado; no querrá que los granos blancos se manchen con el amarillo. Prueba y ajusta el sazón.

e) Transfiera el arroz a un tazón poco profundo y esparza los pistachos restantes encima. Servir tibio o a temperatura ambiente.

51. sofrito de pollo

INGREDIENTES:
- 1 cucharada de aceite de girasol
- 1 pollo pequeño de corral, de aproximadamente 3¼ lb / 1,5 kg, cortado en mariposas o en cuartos
- 1 cucharadita de pimentón dulce
- ¼ cucharadita de cúrcuma molida
- ¼ cucharadita de azúcar
- 2½ cucharadas de jugo de limón recién exprimido
- 1 cebolla grande, pelada y cortada en cuartos
- aceite de girasol, para freír
- 1⅔ lb / 750 g de papas Yukon Gold, peladas, lavadas y cortadas en dados de ¾ de pulgada / 2 cm
- 25 dientes de ajo, sin pelar
- sal y pimienta negra recién molida

INSTRUCCIONES:
a) Vierta el aceite en una cacerola grande y poco profunda o en una olla y póngalo a fuego medio. Coloque el pollo en la sartén, con la piel hacia abajo, y dore durante 4 a 5 minutos, hasta que esté dorado.
b) Sazone todo con pimentón, cúrcuma, azúcar, ¼ de cucharadita de sal, un buen molido de pimienta negra y 1½ cucharadas de jugo de limón. Voltee el pollo para que la piel quede hacia arriba, agregue la cebolla a la sartén y cubra con una tapa. Disminuya el fuego a bajo y cocine por un total de aproximadamente 1½ horas; esto incluye el tiempo que se cocina el pollo con las patatas.
c) Levante la tapa de vez en cuando para comprobar la cantidad de líquido en el fondo de la olla. La idea es que el pollo se cocine y cocine al vapor en su propio jugo, pero es posible que necesites agregar un poco de agua hirviendo, solo para que siempre quede ¼ de pulgada / 5 mm de líquido en el fondo de la olla.
d) Después de que el pollo se haya cocinado durante unos 30 minutos, vierte aceite de girasol en una cacerola mediana hasta una profundidad de 1¼ pulgadas / 3 cm y colócalo a fuego medio-alto. Freír las patatas y el ajo juntos en varias tandas durante unos 6 minutos por tanda, hasta que adquieran un poco de color y estén crujientes. Use una espumadera para separar cada lote del aceite y colocarlo sobre toallas de papel, luego espolvoree con sal.
e) Después de que el pollo se haya cocinado durante 1 hora, retírelo de la sartén y agregue las papas fritas y el ajo, revolviendo con el jugo de la cocción. Regresa el pollo a la sartén colocándolo encima de las papas por el resto del tiempo de cocción, es decir 30 minutos. El pollo debe desprenderse del hueso y las patatas deben estar remojadas en el líquido de cocción y completamente blandas. Rocíe con el jugo de limón restante al servir.

52. Arroz Salvaje con Garbanzos y Grosellas

INGREDIENTES:
- ⅓ taza / 50 g de arroz salvaje
- 2½ cucharadas de aceite de oliva
- redondeado 1 taza / 220 g de arroz basmati
- 1½ tazas / 330 ml de agua hirviendo
- 2 cucharaditas de semillas de comino
- 1½ cucharadita de curry en polvo
- 1½ tazas / 240 g de garbanzos cocidos y escurridos (los de lata están bien)
- ¾ taza / 180 ml de aceite de girasol
- 1 cebolla mediana, en rodajas finas
- 1½ cucharadita de harina para todo uso
- ⅔ taza / 100 g de grosellas
- 2 cucharadas de perejil de hoja plana picado
- 1 cucharada de cilantro picado
- 1 cucharada de eneldo picado
- sal y pimienta negra recién molida

INSTRUCCIONES:
a) Comienza poniendo el arroz salvaje en una cacerola pequeña, cúbrelo con abundante agua, deja que hierva y déjalo cocer a fuego lento durante unos 40 minutos, hasta que el arroz esté cocido pero aún bastante firme. Escurrir y reservar.

b) Para cocinar el arroz basmati, vierta 1 cucharada de aceite de oliva en una cacerola mediana con tapa hermética y colóquela a fuego alto. Agrega el arroz y ¼ de cucharadita de sal y revuelve mientras calientas el arroz. Agrega con cuidado el agua hirviendo, baja el fuego a muy bajo, tapa la cacerola con la tapa y deja cocer durante 15 minutos.

c) Retirar la sartén del fuego, cubrir con un paño de cocina limpio y luego tapar, y dejar fuera del fuego durante 10 minutos.

d) Mientras se cuece el arroz, prepara los garbanzos. Calienta la 1½ cucharada de aceite de oliva restante en una cacerola pequeña a fuego alto. Agrega las semillas de comino y el curry en polvo, espera un par de segundos y luego agrega los garbanzos y ¼ de cucharadita de sal; Asegúrate de hacerlo rápidamente o las especias podrían quemarse en el aceite.

Revuelva sobre el fuego durante uno o dos minutos, solo para calentar los garbanzos, luego transfiéralo a un tazón grande para mezclar.

e) Limpia la cacerola, vierte el aceite de girasol y colócala a fuego alto. Asegúrate de que el aceite esté caliente echando un trozo pequeño de cebolla; debe chisporrotear vigorosamente. Usa tus manos para mezclar la cebolla con la harina para cubrirla ligeramente. Coge un poco de cebolla y con cuidado (¡podría escupir!) colócala en el aceite. Freír durante 2 a 3 minutos, hasta que estén dorados, luego transferir a toallas de papel para escurrir y espolvorear con sal. Repita en tandas hasta que toda la cebolla esté frita.

f) Por último, añade ambos tipos de arroz a los garbanzos y luego añade las grosellas, las hierbas y la cebolla frita. Revuelve, prueba y agrega sal y pimienta a tu gusto. Servir tibio o a temperatura ambiente.

53. Berenjena quemada con Semillas de granada

INGREDIENTES:

- 4 berenjenas grandes (3¼ lb / 1,5 kg antes de cocinarlas; 2½ tazas / 550 g después de quemar y escurrir la pulpa)
- 2 dientes de ajo machacados
- ralladura de 1 limón y 2 cucharadas de jugo de limón recién exprimido
- 5 cucharadas de aceite de oliva
- 2 cucharadas de perejil de hoja plana picado
- 2 cucharadas de menta picada
- semillas de ½ granada grande (½ taza / 80 g en total)
- sal y pimienta negra recién molida

INSTRUCCIONES:
a) Si tiene una estufa de gas, cubra la base con papel de aluminio para protegerla, manteniendo solo los quemadores expuestos.
b) Coloque las berenjenas directamente en cuatro quemadores de gas separados con llamas medianas y ase durante 15 a 18 minutos, hasta que la piel esté quemada y escamosa y la pulpa esté suave. Utilice pinzas de metal para darles la vuelta de vez en cuando.
c) Alternativamente, corte las berenjenas con un cuchillo en algunos lugares, aproximadamente ¾ de pulgada / 2 cm de profundidad, y colóquelas en una bandeja para hornear debajo de una parrilla caliente durante aproximadamente una hora. Dales la vuelta cada 20 minutos aproximadamente y continúa cocinando incluso si estallan y se rompen.
d) Retira las berenjenas del fuego y déjalas enfriar un poco. Una vez que esté lo suficientemente frío como para manipularlo, corte una abertura a lo largo de cada berenjena y saque la pulpa suave, dividiéndola con las manos en tiras largas y delgadas. Deseche la piel. Escurrir la pulpa en un colador durante al menos una hora, preferiblemente más, para eliminar la mayor cantidad de agua posible.
e) Coloque la pulpa de berenjena en un tazón mediano y agregue el ajo, la ralladura y el jugo de limón, el aceite de oliva, ½ cucharadita de sal y un buen molido de pimienta negra. Revuelve y deja marinar la berenjena a temperatura ambiente durante al menos una hora.
f) Cuando esté listo para servir, mezcle la mayoría de las hierbas y pruebe para sazonar. Apilar en un plato para servir, esparcir sobre las semillas de granada y decorar con las hierbas restantes.

54. Risotto de cebada con queso feta marinado

INGREDIENTES:
- 1 taza / 200 g de cebada perlada
- 2 cucharadas / 30 g de mantequilla sin sal
- 6 cucharadas / 90 ml de aceite de oliva
- 2 tallos de apio pequeños, cortados en dados de ¼ de pulgada / 0,5 cm
- 2 chalotas pequeñas, cortadas en dados de ¼ de pulgada / 0,5 cm
- 4 dientes de ajo, cortados en dados de 2 mm / 1/16 de pulgada
- 4 ramitas de tomillo
- ½ cucharadita de pimentón ahumado
- 1 hoja de laurel
- 4 tiras de piel de limón
- ¼ cucharadita de hojuelas de chile
- una lata de 400 g / 14 oz de tomates picados
- 3 tazas / 700 ml de caldo de verduras
- 1¼ tazas / 300 ml de passata (tomates triturados tamizados)
- 1 cucharada de semillas de alcaravea
- 10½ oz / 300 g de queso feta, partido en trozos de aproximadamente ¾ de pulgada / 2 cm
- 1 cucharada de hojas de orégano fresco
- sal

INSTRUCCIONES:
a) Enjuagar bien la cebada perlada con agua fría y dejar escurrir.
b) Derrita la mantequilla y 2 cucharadas de aceite de oliva en una sartén muy grande y cocine el apio, las chalotas y el ajo a fuego suave durante 5 minutos, hasta que estén tiernos. Agrega la cebada, el tomillo, el pimentón, la hoja de laurel, la piel de limón, las hojuelas de chile, los tomates, el caldo, la passata y la sal. Revuelve para combinar.
c) Lleve la mezcla a ebullición, luego reduzca a fuego lento y cocine durante 45 minutos, revolviendo con frecuencia para asegurarse de que el risotto no se pegue al fondo de la sartén. Cuando esté lista, la cebada debe estar tierna y la mayor parte del líquido absorbido.

d) Mientras tanto, tuesta las semillas de alcaravea en una sartén seca durante un par de minutos. Luego tritúrelas ligeramente para que queden algunas semillas enteras. Agréguelos al queso feta con las 4 cucharadas restantes/60 ml de aceite de oliva y mezcle suavemente para combinar.

e) Una vez que el risotto esté listo, revisa la sazón y luego divídelo en cuatro tazones poco profundos. Cubra cada uno con el queso feta marinado, incluido el aceite, y una pizca de hojas de orégano.

55. Pollo asado con clementinas

INGREDIENTES:

- 6½ cucharadas / 100 ml de arak, ouzo o Pernod
- 4 cucharadas de aceite de oliva
- 3 cucharadas de jugo de naranja recién exprimido
- 3 cucharadas de jugo de limón recién exprimido
- 2 cucharadas de mostaza en grano
- 3 cucharadas de azúcar moreno claro
- 2 bulbos de hinojo medianos (1 libra / 500 g en total)
- 1 pollo grande orgánico o de corral, aproximadamente 2¾ lb / 1,3 kg, dividido en 8 trozos, o el mismo peso en muslos de pollo con piel y con hueso
- 4 clementinas, sin pelar (400 g/14 oz en total), cortadas horizontalmente en rodajas de 0,5 cm/¼ de pulgada
- 1 cucharada de hojas de tomillo
- 2½ cucharaditas de semillas de hinojo, ligeramente trituradas
- sal y pimienta negra recién molida
- perejil de hoja plana picado, para decorar

INSTRUCCIONES:

a) Coloque los primeros seis ingredientes en un tazón grande y agregue 2½ cucharaditas de sal y 1½ cucharaditas de pimienta negra. Batir bien y reservar.

b) Recorta el hinojo y corta cada bulbo por la mitad a lo largo. Corta cada mitad en 4 gajos. Agrega el hinojo a los líquidos, junto con los trozos de pollo, las rodajas de clementina, el tomillo y las semillas de hinojo. Revuelva bien con las manos, luego déjelo marinar en el refrigerador durante unas horas o toda la noche (saltarse la etapa de marinado también está bien, si tiene poco tiempo).

c) Precalienta el horno a 475°F / 220°C. Transfiera el pollo y su marinada a una bandeja para hornear lo suficientemente grande como para acomodar todo cómodamente en una sola capa (aproximadamente una fuente de 30 por 37 cm / 12 por 14½ pulgadas); la piel del pollo debe quedar hacia arriba. Una vez que el horno esté lo suficientemente caliente, coloque la fuente en el horno y ase durante 35 a 45 minutos, hasta que el pollo se descolore y esté bien cocido. Retirar del horno.

d) Levante el pollo, el hinojo y las clementinas de la sartén y colóquelos en un plato para servir; tapar y mantener caliente.
e) Vierta el líquido de cocción en una cacerola pequeña, colóquela a fuego medio-alto, hierva y luego cocine a fuego lento hasta que la salsa se reduzca en un tercio, de modo que quede aproximadamente ⅓ de taza/80 ml.
f) Vierte la salsa picante sobre el pollo, decora con un poco de perejil y sirve.

56.mejadra

INGREDIENTES:
- 1¼ tazas / 250 g de lentejas verdes o marrones
- 4 cebollas medianas (1½ lb / 700 g antes de pelar)
- 3 cucharadas de harina para todo uso
- aproximadamente 1 taza / 250 ml de aceite de girasol
- 2 cucharaditas de semillas de comino
- 1½ cucharada de semillas de cilantro
- 1 taza / 200 g de arroz basmati
- 2 cucharadas de aceite de oliva
- ½ cucharadita de cúrcuma molida
- 1½ cucharadita de pimienta de Jamaica molida
- 1½ cucharadita de canela molida
- 1 cucharadita de azúcar
- 1½ tazas / 350 ml de agua
- sal y pimienta negra recién molida

INSTRUCCIONES:

a) Coloca las lentejas en una cacerola pequeña, cubre con abundante agua, lleva a ebullición y cocina de 12 a 15 minutos, hasta que las lentejas se hayan ablandado pero aún tengan un poco de mordisco. Escurrir y reservar.

b) Pelar las cebollas y cortarlas en rodajas finas. Colóquelo en un plato plano grande, espolvoree con harina y 1 cucharadita de sal y mezcle bien con las manos. Calienta el aceite de girasol en una cacerola mediana de fondo grueso colocada a fuego alto. Asegúrate de que el aceite esté caliente echando un trozo pequeño de cebolla; debe chisporrotear vigorosamente. Reduzca el fuego a medio-alto y con cuidado (¡puede escupir!) agregue un tercio de la cebolla en rodajas. Freír durante 5 a 7 minutos, revolviendo ocasionalmente con una espumadera, hasta que la cebolla adquiera un bonito color dorado y esté crujiente (ajuste la temperatura para que la cebolla no se fríe demasiado rápido y se queme). Usa la cuchara para transferir la cebolla a un colador forrado con toallas de papel y espolvorea con un poco más de sal. Haz lo mismo con las otras dos tandas de cebolla; agregue un poco más de aceite si es necesario.

c) Limpia la cacerola en la que friste la cebolla y ponle el comino y las semillas de cilantro. Coloca a fuego medio y tuesta las semillas durante uno o dos minutos. Agrega el arroz, el aceite de oliva, la cúrcuma, la pimienta de Jamaica, la canela, el azúcar, ½ cucharadita de sal y abundante pimienta negra. Remueve para cubrir el arroz con el aceite y luego agrega las lentejas cocidas y el agua. Llevar a ebullición, tapar y cocinar a fuego muy lento durante 15 minutos.
d) Retirar del fuego, quitar la tapa y cubrir rápidamente la sartén con un paño de cocina limpio. Sellar herméticamente con la tapa y dejar reposar durante 10 minutos.
e) Por último, añade la mitad de la cebolla frita al arroz y las lentejas y remueve suavemente con un tenedor. Apila la mezcla en un tazón poco profundo y cubre con el resto de la cebolla.

57.Lubina frita con harissa y rosa

INGREDIENTES:
- 3 cucharadas de pasta harissa (comprada en la tienda o ver receta)
- 1 cucharadita de comino molido
- 4 filetes de lubina, aproximadamente 1 libra / 450 g en total, sin piel y sin espinas
- harina para todo uso, para espolvorear
- 2 cucharadas de aceite de oliva
- 2 cebollas medianas, finamente picadas
- 6½ cucharadas / 100 ml de vinagre de vino tinto
- 1 cucharadita de canela molida
- 1 taza / 200 ml de agua
- 1½ cucharada de miel
- 1 cucharada de agua de rosas
- ½ taza / 60 g de grosellas (opcional)
- 2 cucharadas de cilantro picado grueso (opcional)
- 2 cucharaditas de pequeños pétalos de rosa comestibles secos
- sal y pimienta negra recién molida

INSTRUCCIONES:
a) Primero marina el pescado. Mezcle la mitad de la pasta de harissa, el comino molido y ½ cucharadita de sal en un tazón pequeño. Frote la pasta por todos los filetes de pescado y déjelos marinar durante 2 horas en el frigorífico.

b) Espolvorea los filetes con un poco de harina y sacude el exceso. Calienta el aceite de oliva en una sartén amplia a fuego medio-alto y fríe los filetes durante 2 minutos por cada lado. Es posible que tengas que hacer esto en dos tandas. Reserva el pescado, deja el aceite en la sartén y añade la cebolla. Revuelve mientras cocinas durante unos 8 minutos, hasta que las cebollas estén doradas.

c) Agrega el resto de la harissa, el vinagre, la canela, ½ cucharadita de sal y abundante pimienta negra. Vierta el agua, baje el fuego y deje que la salsa hierva a fuego lento durante 10 a 15 minutos, hasta que espese bastante.

d) Agregue la miel y el agua de rosas a la sartén junto con las grosellas, si las usa, y cocine a fuego lento durante un par de minutos más. Pruebe y ajuste la sazón y luego regrese los

filetes de pescado a la sartén; puedes superponerlos ligeramente si no encajan del todo.
e) Vierta la salsa sobre el pescado y déjelo calentar en la salsa hirviendo durante 3 minutos; Es posible que tengas que añadir unas cucharadas de agua si la salsa queda muy espesa.
f) Sirva tibio o a temperatura ambiente, espolvoreado con el cilantro, si lo usa, y los pétalos de rosa.

58. Gambas, Vieiras y Almejas con Tomate y Feta

INGREDIENTES:
- 1 taza / 250 ml de vino blanco
- 2¼ lb / 1 kg de almejas, lavadas
- 3 dientes de ajo, en rodajas finas
- 3 cucharadas de aceite de oliva, más un poco más para terminar
- 3½ tazas / 600 g de tomates pera italianos pelados y picados (frescos o enlatados)
- 1 cucharadita de azúcar extrafina
- 2 cucharadas de orégano picado
- 1 limon
- 7 oz / 200 g de langostinos tigre, pelados y desvenados
- 7 oz / 200 g de vieiras grandes (si son muy grandes, córtelas por la mitad horizontalmente)
- 4 oz / 120 g de queso feta, partido en trozos de ¾ de pulgada / 2 cm
- 3 cebollas verdes, en rodajas finas
- sal y pimienta negra recién molida

INSTRUCCIONES:
a) Coloca el vino en una cacerola mediana y hierve hasta que se reduzca a tres cuartos. Agrega las almejas, cubre inmediatamente con una tapa y cocina a fuego alto durante unos 2 minutos, agitando la sartén de vez en cuando, hasta que las almejas se abran. Pasar a un colador fino para escurrir, capturando los jugos de la cocción en un bol. Deseche las almejas que no se abran, luego retire el resto de sus conchas, dejando algunas con sus conchas para terminar el plato, si lo desea.
b) Precalienta el horno a 475°F / 240°C.
c) En una sartén grande, cocina el ajo en aceite de oliva a fuego medio-alto durante aproximadamente 1 minuto, hasta que esté dorado. Agrega con cuidado los tomates, el líquido de las almejas, el azúcar, el orégano y un poco de sal y pimienta. Quite 3 tiras de ralladura de limón, agréguelas y cocine a fuego lento durante 20 a 25 minutos, hasta que la salsa espese. Pruebe y agregue sal y pimienta según sea necesario. Deseche la ralladura de limón.

d) Agregue las gambas y las vieiras, revuelva suavemente y cocine durante uno o dos minutos. Incorpora las almejas sin cáscara y transfiere todo a una fuente pequeña para horno. Sumerge los trozos de queso feta en la salsa y espolvorea con la cebolla verde.
e) Cubra con algunas almejas con concha, si lo desea, y colóquelas en el horno de 3 a 5 minutos, hasta que la parte superior coloree un poco y los langostinos y las vieiras estén recién cocidos.
f) Retiramos la fuente del horno, exprimimos un poco de zumo de limón por encima y terminamos con un chorrito de aceite de oliva.

59. Codorniz Estofada con Albaricoques y Tamarindo

INGREDIENTES:
- 4 codornices extra grandes, de aproximadamente 6½ oz / 190 g cada una, cortadas por la mitad a lo largo del esternón y el lomo
- ¾ cucharadita de hojuelas de chile
- ¾ cucharadita de comino molido
- ½ cucharadita de semillas de hinojo, ligeramente trituradas
- 1 cucharada de aceite de oliva
- 1¼ tazas / 300 ml de agua
- 5 cucharadas / 75 ml de vino blanco
- ⅔ taza / 80 g de orejones, en rodajas gruesas
- 2½ cucharadas / 25 g de grosellas
- 1½ cucharada de azúcar extrafina
- 1½ cucharada de pasta de tamarindo
- 2 cucharadas de jugo de limón recién exprimido
- 1 cucharadita de hojas de tomillo recogidas
- sal y pimienta negra recién molida
- 2 cucharadas de cilantro picado y perejil de hoja plana, para decorar (opcional)

INSTRUCCIONES:
a) Limpia las codornices con toallas de papel y colócalas en un tazón. Espolvorea con hojuelas de chile, comino, semillas de hinojo, ½ cucharadita de sal y un poco de pimienta negra. Masajear bien con las manos, luego tapar y dejar macerar en el frigorífico al menos 2 horas o toda la noche.
b) Calienta el aceite a fuego medio-alto en una sartén que sea lo suficientemente grande para acomodar cómodamente a las aves y que tenga tapa. Dore las aves por todos lados durante unos 5 minutos, para obtener un bonito color marrón dorado.
c) Retire las codornices de la sartén y deseche la mayor parte de la grasa, dejando aproximadamente 1½ cucharadita. Agrega el agua, el vino, los albaricoques, las grosellas, el azúcar, el tamarindo, el jugo de limón, el tomillo, ½ cucharadita de sal y un poco de pimienta negra. Regresa las codornices a la sartén. El agua debe llegar hasta las tres cuartas partes de los costados de las aves; si no, agregue más agua. Deje hervir, cubra la cacerola y cocine a fuego lento durante 20 a 25 minutos, volteando las codornices una o dos veces, hasta que las aves estén recién cocidas.
d) Levante las codornices de la sartén y colóquelas en una fuente para servir y manténgalas calientes. Si el líquido no está muy espeso, regréselo a fuego medio y cocine a fuego lento durante unos minutos para que adquiera una buena consistencia de salsa. Vierta la salsa sobre las codornices y decore con el cilantro y el perejil, si lo usa.

60. Pollo escalfado con freekeh

INGREDIENTES:
- 1 pollo pequeño de corral, aproximadamente 3¼ lb / 1,5 kg
- 2 ramas largas de canela
- 2 zanahorias medianas, peladas y cortadas en rodajas de ¾ de pulgada / 2 cm de grosor
- 2 hojas de laurel
- 2 manojos de perejil de hoja plana (aproximadamente 2½ oz / 70 g en total)
- 2 cebollas grandes
- 2 cucharadas de aceite de oliva
- 2 tazas / 300 g de freekeh partido
- ½ cucharadita de pimienta de Jamaica molida
- ½ cucharadita de cilantro molido
- 2½ cucharadas / 40 g de mantequilla sin sal
- ⅔ taza / 60 g de almendras fileteadas
- sal y pimienta negra recién molida

INSTRUCCIONES:
a) Coloca el pollo en una olla grande, junto con la canela, las zanahorias, las hojas de laurel, 1 manojo de perejil y 1 cucharadita de sal. Corta 1 cebolla en cuartos y agrégala a la olla. Agrega agua fría hasta casi cubrir el pollo; deje hervir y cocine a fuego lento, tapado, durante 1 hora, retirando ocasionalmente el aceite y la espuma de la superficie.

b) Aproximadamente a la mitad de la cocción del pollo, corta finamente la segunda cebolla y colócala en una cacerola mediana con el aceite de oliva. Freír a fuego medio-bajo durante 12 a 15 minutos, hasta que la cebolla se dore y esté suave. Agrega el freekeh, la pimienta de Jamaica, el cilantro, ½ cucharadita de sal y un poco de pimienta negra. Revuelve bien y luego agrega 2½ tazas/600 ml de caldo de pollo. Sube el fuego a medio-alto. En cuanto hierva el caldo, tapa la cacerola y baja el fuego. Cocine a fuego lento durante 20 minutos, luego retire del fuego y déjelo tapado durante 20 minutos más.

c) Quitar las hojas del manojo de perejil restante y picarlas, no muy finas. Agrega la mayor parte del perejil picado al freekeh cocido, mezclándolo con un tenedor.

d) Saca el pollo del caldo y colócalo sobre una tabla de cortar. Corte con cuidado las pechugas y córtelas en rodajas finas en ángulo; Retire la carne de las piernas y muslos. Mantén calientes el pollo y el freekeh.
e) Cuando esté listo para servir, coloque la mantequilla, las almendras y un poco de sal en una sartén pequeña y fría hasta que estén doradas. Vierta el freekeh en platos para servir individuales o en un plato. Cubra con la carne de la pierna y el muslo, luego coloque las rodajas de pechuga cuidadosamente encima. Terminar con las almendras y la mantequilla y una pizca de perejil.

61.Pollo Con Cebolla Y Arroz Con Cardamomo

INGREDIENTES:
- 3 cucharadas / 40 g de azúcar
- 3 cucharadas / 40 ml de agua
- 2½ cucharadas / 25 g de agracejo (o grosellas)
- 4 cucharadas de aceite de oliva
- 2 cebollas medianas, en rodajas finas (2 tazas/250 g en total)
- 2¼ lb / 1 kg de muslos de pollo con piel y hueso, o 1 pollo entero, cortado en cuartos
- 10 vainas de cardamomo
- ¼ cucharadita de clavo entero redondeado
- 2 ramas largas de canela, partidas en dos
- 1⅔ tazas / 300 g de arroz basmati
- 2¼ tazas / 550 ml de agua hirviendo
- 1½ cucharada / 5 g de hojas de perejil de hoja plana, picadas
- ½ taza / 5 g de hojas de eneldo, picadas
- ¼ de taza / 5 g de hojas de cilantro picadas
- ⅓ taza / 100 g de yogur griego, mezclado con 2 cucharadas de aceite de oliva (opcional)
- sal y pimienta negra recién molida

INSTRUCCIONES:
a) Pon el azúcar y el agua en una cacerola pequeña y calienta hasta que el azúcar se disuelva. Retirar del fuego, agregar los agracejos y dejar en remojo. Si usa grosellas, no es necesario que las remoje de esta manera.

b) Mientras tanto, caliente la mitad del aceite de oliva en una sartén grande tapada a fuego medio, agregue la cebolla y cocine durante 10 a 15 minutos, revolviendo ocasionalmente, hasta que la cebolla se haya dorado intensamente. Transfiera la cebolla a un tazón pequeño y limpie la sartén.

c) Coloque el pollo en un tazón grande y sazone con 1½ cucharaditas de sal y pimienta negra. Agrega el aceite de oliva restante, el cardamomo, el clavo y la canela y usa tus manos para mezclar todo bien. Calienta nuevamente la sartén y coloca en ella el pollo y las especias.

d) Dorar durante 5 minutos por cada lado y retirar de la sartén (esto es importante ya que cocina parcialmente el pollo). Las especias pueden quedarse en la sartén, pero no te preocupes si se pegan al pollo.

e) Retire también la mayor parte del aceite restante, dejando solo una fina película en el fondo. Agrega el arroz, la cebolla caramelizada, 1 cucharadita de sal y abundante pimienta negra. Escurrir los agracejos y añadirlos también. Revuelva bien y devuelva el pollo chamuscado a la sartén, introduciéndolo en el arroz.

f) Vierte el agua hirviendo sobre el arroz y el pollo, tapa la cacerola y cocina a fuego muy lento durante 30 minutos. Retire la sartén del fuego, retire la tapa, coloque rápidamente un paño de cocina limpio sobre la sartén y vuelva a sellar con la tapa. Deje el plato en reposo durante otros 10 minutos. Finalmente, agrega las hierbas y usa un tenedor para revolverlas y esponjar el arroz. Pruebe y agregue más sal y pimienta si es necesario. Sirva caliente o tibio con yogur si lo desea.

62. Albóndigas de ternera con habas y limón

INGREDIENTES:
- 4½ cucharadas de aceite de oliva
- 2⅓ tazas / 350 g de habas, frescas o congeladas
- 4 ramitas de tomillo enteras
- 6 dientes de ajo, rebanados
- 8 cebollas verdes, cortadas en ángulo en segmentos de ¾ de pulgada / 2 cm
- 2½ cucharadas de jugo de limón recién exprimido
- 2 tazas / 500 ml de caldo de pollo
- sal y pimienta negra recién molida
- 1½ cucharadita de perejil de hoja plana picado, menta, eneldo y cilantro, para terminar

ALBÓNDIGAS
- 10 oz / 300 g de carne molida
- 5 oz / 150 g de cordero molido
- 1 cebolla mediana, finamente picada
- 1 taza / 120 g de pan rallado
- 2 cucharadas de perejil de hoja plana picado, menta, eneldo y cilantro
- 2 dientes de ajo grandes, machacados
- 4 cucharaditas de mezcla de especias baharat (comprada en la tienda o ver receta)
- 4 cucharaditas de comino molido
- 2 cucharaditas de alcaparras, picadas
- 1 huevo batido

INSTRUCCIONES:
a) Coloque todos los ingredientes de las albóndigas en un tazón grande para mezclar. Agrega ¾ de cucharadita de sal y mucha pimienta negra y mezcla bien con las manos. Forme bolas de aproximadamente el mismo tamaño que las pelotas de ping-pong. Calienta 1 cucharada de aceite de oliva a fuego medio en una sartén extra grande con tapa. Dorar la mitad de las albóndigas, volteándolas hasta que se doren por completo, aproximadamente 5 minutos. Retirar, agregar otra 1½ cucharadita de aceite de oliva a la sartén y cocinar la otra tanda de albóndigas. Retirar de la sartén y limpiar con un paño.

b) Mientras se cocinan las albóndigas, echa las habas en una olla con abundante agua hirviendo con sal y escaldalas durante 2 minutos. Escurrir y refrescar con agua fría. Retire la piel de la mitad de las habas y deséchela.

c) Calienta las 3 cucharadas restantes de aceite de oliva a fuego medio en la misma sartén en la que chamuscastes las albóndigas. Agrega el tomillo, el ajo y la cebolla verde y saltea durante 3 minutos. Agrega las habas sin pelar, 1½ cucharada de jugo de limón, ⅓ taza / 80 ml de caldo, ¼ de cucharadita de sal y abundante pimienta negra. Los frijoles deben quedar casi cubiertos de líquido. Tapa la sartén y cocina a fuego lento durante 10 minutos.

d) Regrese las albóndigas a la sartén con las habas. Agregue el caldo restante, cubra la cacerola y cocine a fuego lento durante 25 minutos. Prueba la salsa y ajusta la sazón. Si está muy líquida quitar la tapa y reducir un poco. Una vez que las albóndigas dejen de cocinarse, absorberán gran parte del jugo, así que asegúrese de que todavía quede mucha salsa en este punto. Puedes dejar las albóndigas ahora, fuera del fuego, hasta que estén listas para servir.

e) Justo antes de servir, recalentar las albóndigas y añadir un poco de agua, si es necesario, para obtener suficiente salsa. Agregue las hierbas restantes, la cucharada restante de jugo de limón y las habas peladas y revuelva muy suavemente. Servir inmediatamente.

63. Albóndigas de Cordero con Agracejo, Yogur y Hierbas

INGREDIENTES:
- 1⅔ lb / 750 g de cordero molido
- 2 cebollas medianas, finamente picadas
- ⅔ oz / 20 g de perejil de hoja plana, finamente picado
- 3 dientes de ajo machacados
- ¾ cucharadita de pimienta de Jamaica molida
- ¾ cucharadita de canela molida
- 6 cucharadas / 60 g de agracejo
- 1 huevo grande de corral
- 6½ cucharadas / 100 ml de aceite de girasol
- 1½ lb / 700 g de plátano u otras chalotas grandes, peladas
- ¾ taza más 2 cucharadas / 200 ml de vino blanco
- 2 tazas / 500 ml de caldo de pollo
- 2 hojas de laurel
- 2 ramitas de tomillo
- 2 cucharaditas de azúcar
- 5 oz / 150 g de higos secos
- 1 taza / 200 g de yogur griego
- 3 cucharadas de una mezcla de menta, cilantro, eneldo y estragón, desmenuzados en trozos grandes
- sal y pimienta negra recién molida

INSTRUCCIONES:
a) Coloque el cordero, la cebolla, el perejil, el ajo, la pimienta de Jamaica, la canela, el agracejo, el huevo, 1 cucharadita de sal y ½ cucharadita de pimienta negra en un tazón grande. Mezcle con las manos y luego forme bolas del tamaño de pelotas de golf.
b) Calienta un tercio del aceite a fuego medio en una olla grande de fondo grueso con tapa hermética. Poner unas cuantas albóndigas y cocinarlas y darles la vuelta unos minutos hasta que tomen color por todas partes. Retirar de la olla y reservar. Cocine las albóndigas restantes de la misma manera.
c) Limpia la olla y agrega el aceite restante. Agrega las chalotas y cocínalas a fuego medio durante 10 minutos, revolviendo frecuentemente, hasta que estén doradas. Agrega el vino, deja burbujear durante uno o dos minutos, luego agrega el caldo de pollo, las hojas de laurel, el tomillo, el azúcar y un poco de sal y pimienta. Coloque los higos y las albóndigas entre y encima de las chalotas; las albóndigas deben quedar casi cubiertas de líquido. Llevar a ebullición, tapar, bajar el fuego a muy bajo y dejar cocer a fuego lento durante 30 minutos. Retire la tapa y cocine a fuego lento durante aproximadamente una hora más, hasta que la salsa se haya reducido y su sabor se haya intensificado. Prueba y agrega sal y pimienta si es necesario.
d) Transfiera a un plato para servir grande y hondo. Batir el yogur, verterlo encima y espolvorear con las hierbas.

64.polpettone

INGREDIENTES:
- 3 huevos grandes de gallinas camperas
- 1 cucharada de perejil de hoja plana picado
- 2 cucharaditas de aceite de oliva
- 1 libra / 500 g de carne molida
- 1 taza / 100 g de pan rallado
- ½ taza / 60 g de pistachos sin sal
- ½ taza/80 g de pepinillos (3 o 4), cortados en trozos de ⅜ de pulgada/1 cm
- 7 oz / 200 g de lengua de res cocida (o jamón), en rodajas finas
- 1 zanahoria grande, cortada en trozos
- 2 tallos de apio, cortados en trozos
- 1 ramita de tomillo
- 2 hojas de laurel
- ½ cebolla, rebanada
- 1 cucharadita de base de caldo de pollo
- agua hirviendo, para cocinar
- sal y pimienta negra recién molida

SALSINA VERDE
- 2 oz / 50 g de ramitas de perejil de hoja plana
- 1 diente de ajo, machacado
- 1 cucharada de alcaparras
- 1 cucharada de jugo de limón recién exprimido
- 1 cucharada de vinagre de vino blanco
- 1 huevo grande de gallinas camperas, duro y pelado
- ⅔ taza / 150 ml de aceite de oliva
- 3 cucharadas de pan rallado, preferiblemente fresco
- sal y pimienta negra recién molida

INSTRUCCIONES:

a) Empiece por hacer una tortilla plana. Batir 2 huevos, el perejil picado y una pizca de sal. Calienta el aceite de oliva en una sartén grande (de aproximadamente 28 cm / 11 pulgadas de diámetro) a fuego medio y vierte los huevos. Cocine de 2 a 3 minutos, sin revolver, hasta que los huevos formen una tortilla fina. Reservar para que se enfríe.

b) En un tazón grande, mezcle la carne, el pan rallado, los pistachos, los pepinillos, el huevo restante, 1 cucharadita de sal y ½ cucharadita de pimienta. Coloque un paño de cocina grande y limpio (es posible que desee utilizar uno viejo del que no le importe deshacerse; limpiarlo será una ligera amenaza) sobre la superficie de trabajo. Ahora tome la mezcla de carne y extiéndala sobre la toalla, dándole forma con las manos en un disco rectangular, de ⅜ de pulgada / 1 cm de espesor y aproximadamente 12 por 10 pulgadas / 30 por 25 cm. Mantenga limpios los bordes de la tela.

c) Cubre la carne con las rodajas de lengua, dejando ¾ de pulgada / 2 cm alrededor del borde. Corta la tortilla en 4 tiras anchas y extiéndelas uniformemente sobre la lengua.

d) Levanta el paño para ayudarte a comenzar a enrollar la carne hacia adentro desde uno de sus lados anchos. Continúe enrollando la carne hasta darle forma de salchicha grande, usando la toalla como ayuda. Al final, lo que quieres es un pan apretado, parecido a un rollo de gelatina, con la carne molida por fuera y la tortilla en el centro. Cubre el pan con la toalla, envolviéndolo bien para que quede sellado por dentro. Ate los extremos con una cuerda y meta el exceso de tela debajo del tronco para terminar con un paquete bien atado.

e) Coloque el paquete dentro de una cacerola grande o de una olla. Eche la zanahoria, el apio, el tomillo, el laurel, la cebolla y la base de caldo alrededor del pan y vierta sobre agua hirviendo hasta casi cubrirlo. Tapar la olla y dejar cocer a fuego lento durante 2 horas.

f) Retire el pan de la sartén y déjelo a un lado para permitir que se escurra parte del líquido (el caldo para escalfar sería una excelente base para sopa). Después de unos 30 minutos, coloque algo pesado encima para eliminar más jugo. Una vez que alcance la temperatura ambiente, coloque el pastel de carne en el refrigerador, todavía cubierto con un paño, para que se enfríe completamente, de 3 a 4 horas.

g) Para la salsa, coloque todos los ingredientes en un procesador de alimentos y presione hasta obtener una consistencia gruesa (o, para darle un aspecto rústico, pique el perejil, las alcaparras y el huevo a mano y revuelva con el resto de los ingredientes). Prueba y ajusta el sazón.

h) Para servir, retire el pan de la toalla, córtelo en rodajas de ⅜ de pulgada / 1 cm de grosor y colóquelas en un plato para servir. Sirve la salsa a un lado.

65. shawarma de cordero

INGREDIENTES:
- 2 cucharaditas de granos de pimienta negra
- 5 dientes enteros
- ½ cucharadita de vainas de cardamomo
- ¼ cucharadita de semillas de fenogreco
- 1 cucharadita de semillas de hinojo
- 1 cucharada de semillas de comino
- 1 anís estrellado
- ½ rama de canela
- ½ nuez moscada entera, rallada
- ¼ cucharadita de jengibre molido
- 1 cucharada de pimentón dulce
- 1 cucharada de zumaque
- 2½ cucharaditas de sal marina Maldon
- 1 oz / 25 g de jengibre fresco, rallado
- 3 dientes de ajo machacados
- ⅔ taza / 40 g de cilantro, tallos y hojas picados
- ¼ de taza / 60 ml de jugo de limón recién exprimido
- ½ taza / 120 ml de aceite de maní
- 1 pierna de cordero con hueso, de aproximadamente 5½ a 6½ lb / 2,5 a 3 kg
- 1 taza / 240 ml de agua hirviendo

INSTRUCCIONES:

a) Coloque los primeros 8 ingredientes en una sartén de hierro fundido y ase en seco a fuego medio-alto durante uno o dos minutos, hasta que las especias comiencen a explotar y liberar sus aromas. Ten cuidado de no quemarlos. Agregue la nuez moscada, el jengibre y el pimentón, revuelva por unos segundos más, solo para calentarlos, luego transfiéralo a un molinillo de especias. Procese las especias hasta obtener un polvo uniforme. Transfiera a un tazón mediano y agregue todos los ingredientes restantes, excepto el cordero.

b) Utilice un cuchillo pequeño y afilado para marcar la pierna de cordero en algunos lugares, haciendo cortes de ⅔ de pulgada/1,5 cm de profundidad a través de la grasa y la carne para permitir que la marinada se filtre. Colóquela en una fuente para asar grande y frote la marinada por todas partes.

el cordero; Usa tus manos para masajear bien la carne. Cubre la sartén con papel de aluminio y déjala reposar al menos un par de horas o, preferiblemente, déjala enfriar durante la noche.

c) Precalienta el horno a 325°F / 170°C.
d) Coloque el cordero en el horno con el lado graso hacia arriba y ase por un total de aproximadamente 4½ horas, hasta que la carne esté completamente tierna.
e) Después de 30 minutos de asado, agregue el agua hirviendo a la sartén y use este líquido para rociar la carne aproximadamente cada hora.
f) Agregue más agua, según sea necesario, asegurándose de que siempre quede aproximadamente ¼ de pulgada / 0,5 cm en el fondo de la olla. Durante las últimas 3 horas, cubre el cordero con papel de aluminio para evitar que se quemen las especias. Una vez hecho, retira el cordero del horno y déjalo reposar 10 minutos antes de cortarlo y servirlo.
g) Tome seis bolsitas de pita individuales y úntelas generosamente por dentro con una pasta para untar hecha mezclando ⅔ de taza/120 g de tomates enlatados picados, 2 cucharaditas/20 g de pasta harissa, 4 cucharaditas/20 g de pasta de tomate, 1 cucharada de aceite de oliva y un poco de sal. y pimienta. Cuando el cordero esté listo, caliente las pitas en una plancha caliente hasta que queden bonitas marcas carbonizadas en ambos lados.
h) Corta el cordero caliente en rodajas y córtalo en tiras de 1,5 cm / ⅔ de pulgada. Apílelos sobre cada pita caliente, vierta sobre algunos de los líquidos para asar de la sartén, reducidos, y termine con cebolla picada, perejil picado y una pizca de zumaque.

66.Filetes De Salmón En Salsa Chraimeh

INGREDIENTES:
- ½ taza / 110 ml de aceite de girasol
- 3 cucharadas de harina para todo uso
- 4 filetes de salmón, aproximadamente 1 libra / 950 g
- 6 dientes de ajo, picados en trozos grandes
- 2 cucharaditas de pimentón dulce
- 1 cucharada de semillas de alcaravea, secas tostadas y recién molidas
- 1½ cucharadita de comino molido
- ¼ cucharadita de pimienta de cayena redondeada
- ¼ cucharadita de canela molida redondeada
- 1 chile verde, picado en trozos grandes
- ⅔ taza / 150 ml de agua
- 3 cucharadas de pasta de tomate
- 2 cucharaditas de azúcar extrafina
- 1 limón, cortado en 4 gajos, más 2 cucharadas de jugo de limón recién exprimido
- 2 cucharadas de cilantro picado grueso
- sal y pimienta negra recién molida

INSTRUCCIONES:

a) Calienta 2 cucharadas de aceite de girasol a fuego alto en una sartén grande con tapa. Coloque la harina en un recipiente poco profundo, sazone con sal y pimienta y agregue el pescado. Sacuda el exceso de harina y dore el pescado durante uno o dos minutos por cada lado, hasta que esté dorado. Retire el pescado y limpie la sartén.

b) Coloque el ajo, las especias, el chile y 2 cucharadas de aceite de girasol en un procesador de alimentos y mezcle hasta formar una pasta espesa. Quizás necesites agregar un poco más de aceite para unir todo.

c) Vierta el aceite restante en la sartén, caliente bien y agregue la pasta de especias. Remueve y fríe durante sólo 30 segundos, para que las especias no se quemen. Rápidamente pero con cuidado (¡puede escupir!), agrega el agua y la pasta de tomate para evitar que las especias se cocinen. Llevar a fuego lento y agregar el azúcar, el jugo de limón, ¾ de cucharadita de sal y un poco de pimienta. Gusto por sazonar.

d) Pon el pescado en la salsa, deja que hierva a fuego lento, tapa la sartén y cocina de 7 a 11 minutos, dependiendo del tamaño del pescado, hasta que esté cocido. Retirar la cacerola del fuego, quitar la tapa y dejar enfriar. Sirve el pescado tibio o a temperatura ambiente. Adorne cada porción con el cilantro y una rodajita de limón.

67. Pescado Agridulce Marinado

INGREDIENTES:
- 3 cucharadas de aceite de oliva
- 2 cebollas medianas, cortadas en rodajas de 1 cm / ⅜ de pulgada (3 tazas / 350 g en total)
- 1 cucharada de semillas de cilantro
- 2 pimientos (1 rojo y 1 amarillo), cortados por la mitad a lo largo, sin semillas y cortados en tiras de ⅜ de pulgada/1 cm de ancho (3 tazas/300 g en total)
- 2 dientes de ajo machacados
- 3 hojas de laurel
- 1½ cucharada de curry en polvo
- 3 tomates picados (2 tazas / 320 g en total)
- 2½ cucharadas de azúcar
- 5 cucharadas de vinagre de sidra
- 1 libra / 500 g de filetes de abadejo, bacalao, fletán, eglefino u otro pescado blanco, divididos en 4 trozos iguales
- harina para todo uso sazonada, para espolvorear
- 2 huevos extra grandes, batidos
- ⅓ taza / 20 g de cilantro picado

sal y pimienta negra recién molida

INSTRUCCIONES:
a) Precalienta el horno a 375°F / 190°C.
b) Calienta 2 cucharadas de aceite de oliva en una sartén grande para horno o en una olla a fuego medio. Agregue las cebollas y las semillas de cilantro y cocine por 5 minutos, revolviendo con frecuencia. Agrega los pimientos y cocina por 10 minutos más. Agregue el ajo, las hojas de laurel, el curry en polvo y los tomates y cocine por otros 8 minutos, revolviendo ocasionalmente. Agrega el azúcar, el vinagre, 1½ cucharadita de sal y un poco de pimienta negra y continúa cocinando por otros 5 minutos.
c) Mientras tanto, caliente la cucharada de aceite restante en una sartén aparte a fuego medio-alto. Espolvorea el pescado con un poco de sal, sumérgelo en harina, luego en los huevos y fríelo durante unos 3 minutos, volteándolo una vez. Transfiera el pescado a toallas de papel para absorber el exceso de aceite, luego agréguelo a la sartén con los pimientos y las cebollas, apartando las verduras para que el pescado se asiente en el fondo de la sartén. Agrega suficiente agua solo para sumergir el pescado (aproximadamente 1 taza/250 ml) en el líquido.
d) Coloca la sartén en el horno durante 10 a 12 minutos, hasta que el pescado esté cocido. Retirar del horno y dejar enfriar a temperatura ambiente. El pescado ya se puede servir, pero en realidad está mejor después de uno o dos días en el frigorífico. Antes de servir, prueba y agrega sal y pimienta, si es necesario, y decora con el cilantro.

GUARNICIONES Y ENSALADAS

68. Batata Harra (patatas libanesas picantes)

INGREDIENTES:
4 patatas grandes, peladas y cortadas en cubos pequeños
1/4 taza de aceite de oliva
5 dientes de ajo, picados
1 cucharadita de cilantro molido
1 cucharadita de comino molido
1 cucharadita de pimentón
1/2 cucharadita de pimienta de cayena (ajustar al gusto)
Sal al gusto
Cilantro o perejil fresco, picado (para decorar)
Rodajas de limón (para servir)

INSTRUCCIONES:
Coloca los cubos de papa en una olla con agua con sal y déjalos hervir.
Sancocha las patatas durante unos 5-7 minutos hasta que estén ligeramente tiernas pero no completamente cocidas.
Escurrir las patatas y reservar.
En una sartén o sartén grande, calienta el aceite de oliva a fuego medio.
Agregue el ajo picado y saltee por un minuto hasta que esté fragante.
Agregue cilantro molido, comino molido, pimentón, pimienta de cayena y sal a la sartén. Revuelve bien para combinar las especias con el ajo y el aceite.
Agrega los cubos de papa sancochados a la sartén y revuélvelos para cubrirlos uniformemente con la mezcla de especias.
Cocine las patatas durante unos 15-20 minutos o hasta que estén doradas y crujientes en los bordes.
Una vez que las papas estén cocidas, decora con cilantro o perejil fresco picado.
Sirva caliente con rodajas de limón a un lado para exprimirlas sobre las patatas.
Puedes servir Batata Harra con una guarnición de salsa de ajo (toum) para darle un toque extra de sabor.

69. Berenjena volteada

INGREDIENTES:
- 1 kilo de berenjena
- Pizca de sal
- 2 tazas de aceite vegetal
- Una pizca de pimentón
- 3 tazas de agua
- Una pizca de canela en polvo
- 300 g de carne picada de ternera
- 1 1/2 tazas de arroz (lavado y escurrido)
- 2 cucharadas de piñones tostados

INSTRUCCIONES:

a) Corta la berenjena en 12 rodajas finas y redondas y luego remójalas en agua en un recipiente durante 10 minutos. Retire las rodajas de berenjena después de remojarlas y séquelas.
b) Calienta el aceite y agrega la berenjena en tandas. Freír las berenjenas por ambos lados.
c) Colocar sobre papel de cocina para escurrir y reservar.
d) En otra sartén tostamos los piñones con un poco de aceite.
e) Coloca la carne en una sartén antiadherente, revuelve constantemente sobre el fuego hasta que se dore.
f) Agrega las especias y la sal a la carne y mezcla bien.
g) En un cazo poner rodajas de berenjena, luego poner arroz crudo con una taza y media de agua, y un poco de sal y ghee. Tapar hasta que el arroz esté cocido.
h) En un plato hondo poner los piñones, luego la carne, luego la berenjena, luego el arroz. Coloque un plato plano encima y voltee el plato.

70. De Coliflor Asada Y Avellanas

INGREDIENTES:
- 1 cabeza de coliflor, partida en floretes pequeños (1½ lb / 660 g en total)
- 5 cucharadas de aceite de oliva
- 1 tallo de apio grande, cortado en ángulo en rodajas de ¼ de pulgada/0,5 cm (⅔ de taza/70 g en total)
- 5 cucharadas / 30 g de avellanas, con piel
- ⅓ taza / 10 g de hojas pequeñas de perejil de hoja plana, recogidas
- ⅓ taza / 50 g de semillas de granada (de aproximadamente ½ granada mediana)
- generosa ¼ cucharadita de canela molida
- generoso ¼ cucharadita de pimienta de Jamaica molida
- 1 cucharada de vinagre de jerez
- 1½ cucharadita de jarabe de arce
- sal y pimienta negra recién molida

INSTRUCCIONES:
a) Precalienta el horno a 425°F / 220°C.
b) Mezcla la coliflor con 3 cucharadas de aceite de oliva, ½ cucharadita de sal y un poco de pimienta negra. Extienda en una fuente para hornear y ase en la rejilla superior del horno durante 25 a 35 minutos, hasta que la coliflor esté crujiente y algunas partes se hayan dorado. Transfiera a un tazón grande para mezclar y reserve para que se enfríe.
c) Disminuye la temperatura del horno a 325°F / 170°C. Extienda las avellanas en una bandeja para hornear forrada con papel pergamino y ase durante 17 minutos.
d) Deja que las nueces se enfríen un poco, luego pícalas en trozos grandes y agrégalas a la coliflor, junto con el resto del aceite y el resto de los ingredientes. Revuelva, pruebe y sazone con sal y pimienta en consecuencia. Servir a temperatura ambiente.

71. ensalada de fricasé

INGREDIENTES:
- 4 ramitas de romero
- 4 hojas de laurel
- 3 cucharadas de granos de pimienta negra
- aproximadamente 1⅔ tazas / 400 ml de aceite de oliva virgen extra
- 10½ oz / 300 g de filete de atún, en una o dos piezas
- 1⅓ lb / 600 g de papas Yukon Gold, peladas y cortadas en trozos de ¾ de pulgada / 2 cm
- ½ cucharadita de cúrcuma molida
- 5 filetes de anchoa, picados en trozos grandes
- 3 cucharadas de pasta harissa (comprada en la tienda o ver receta)
- 4 cucharadas de alcaparras
- 2 cucharaditas de cáscara de limón en conserva finamente picada (comprada en la tienda o ver receta)
- ½ taza / 60 g de aceitunas negras, deshuesadas y partidas por la mitad
- 2 cucharadas de jugo de limón recién exprimido
- 5 oz / 140 g de pimientos del piquillo en conserva (unos 5 pimientos), partidos en tiras gruesas
- 4 huevos grandes, duros, pelados y cortados en cuartos
- 2 lechugas tiernas (aproximadamente 5 oz / 140 g en total), con las hojas separadas y cortadas
- ⅔ oz / 20 g de perejil de hoja plana, con las hojas recogidas y cortadas
- sal

INSTRUCCIONES:

a) Para preparar el atún, ponemos en una cacerola pequeña el romero, las hojas de laurel y los granos de pimienta y añadimos el aceite de oliva. Calienta el aceite justo por debajo del punto de ebullición, cuando comiencen a aparecer pequeñas burbujas. Agrega con cuidado el atún (el atún debe estar completamente cubierto; si no, calienta más aceite y agrega a la sartén). Retirar del fuego y dejar reposar un par de horas, sin tapar, luego tapar la cacerola y refrigerar por al menos 24 horas.

b) Cuece las patatas con la cúrcuma en abundante agua hirviendo con sal durante 10 a 12 minutos, hasta que estén cocidas. Escurrir con cuidado, asegurándose de que no se derrame nada del agua de cúrcuma (¡es difícil quitar las manchas!) y colocar en un tazón grande para mezclar. Mientras las patatas aún están calientes, añadir las anchoas, la harissa, las alcaparras, el limón en conserva, las aceitunas, 6 cucharadas / 90 ml de aceite de conserva de atún y algunos granos de pimienta del aceite. Mezclar suavemente y dejar enfriar.

c) Saque el atún del aceite restante, rómpalo en trozos pequeños y agréguelo a la ensalada. Agrega el jugo de limón, los pimientos, los huevos, la lechuga y el perejil. Mezcle suavemente, pruebe, agregue sal si es necesario y posiblemente más aceite, luego sirva.

72. Ensalada De Pollo Y Hierbas Con Azafrán

INGREDIENTES:
- 1 naranja
- 2½ cucharadas / 50 g de miel
- ½ cucharadita de hebras de azafrán
- 1 cucharada de vinagre de vino blanco
- 1¼ tazas / aproximadamente 300 ml de agua
- 2¼ lb / 1 kg de pechuga de pollo deshuesada y sin piel
- 4 cucharadas de aceite de oliva
- 2 bulbos de hinojo pequeños, en rodajas finas
- 1 taza / 15 g de hojas de cilantro picadas
- ⅔ taza / 15 g de hojas de albahaca cortadas y cortadas
- 15 hojas de menta recogidas, rasgadas
- 2 cucharadas de jugo de limón recién exprimido
- 1 chile rojo, en rodajas finas
- 1 diente de ajo, machacado
- sal y pimienta negra recién molida

INSTRUCCIONES:
a) Precalienta el horno a 400°F / 200°C. Recorta y desecha ⅜ de pulgada / 1 cm de la parte superior y la cola de la naranja y córtala en 12 gajos, manteniendo la piel. Retire las semillas.
b) Coloque los gajos en una cacerola pequeña con la miel, el azafrán, el vinagre y suficiente agua para cubrir los gajos de naranja. Llevar a ebullición y cocinar a fuego lento durante aproximadamente una hora. Al final te debe quedar naranja suave y unas 3 cucharadas de almíbar espeso; agregue agua durante la cocción si el líquido baja mucho. Use un procesador de alimentos para triturar la naranja y el almíbar hasta obtener una pasta suave y líquida; Nuevamente, agregue un poco de agua si es necesario.
c) Mezclar la pechuga de pollo con la mitad del aceite de oliva y abundante sal y pimienta y colocar en una plancha con crestas muy caliente. Dorar durante aproximadamente 2 minutos en cada lado para obtener marcas carbonizadas claras por todas partes. Transfiera a una fuente para hornear y colóquelo en el horno durante 15 a 20 minutos, hasta que esté cocido.
d) Una vez que el pollo esté lo suficientemente frío como para manipularlo pero aún caliente, córtelo con las manos en trozos ásperos y bastante grandes. Colóquelo en un tazón grande, vierta sobre la mitad de la pasta de naranja y revuelva bien. (La otra mitad se puede guardar en el refrigerador durante unos días. Sería una buena adición a una salsa de hierbas para servir con pescado azul como la caballa o el salmón). Agregue los ingredientes restantes a la ensalada, incluido el resto de la ensalada. aceite de oliva y revuelva suavemente. Pruebe, agregue sal y pimienta y, si es necesario, más aceite de oliva y jugo de limón.

73. Ensalada de tubérculos con labneh

INGREDIENTES:
- 3 remolachas medianas (1 lb / 450 g en total)
- 2 zanahorias medianas (9 oz / 250 g en total)
- ½ raíz de apio (300 g / 10 oz en total)
- 1 colinabo mediano (9 oz / 250 g en total)
- 4 cucharadas de jugo de limón recién exprimido
- 4 cucharadas de aceite de oliva
- 3 cucharadas de vinagre de jerez
- 2 cucharaditas de azúcar extrafina
- ¾ taza / 25 g de hojas de cilantro, picadas en trozos grandes
- ¾ taza / 25 g de hojas de menta, ralladas
- ⅔ taza / 20 g de hojas de perejil de hoja plana, picadas en trozos grandes
- ½ cucharada de ralladura de limón
- 1 taza / 200 g de labneh (comprado en tienda o ver receta)
- sal y pimienta negra recién molida
- Pele todas las verduras y córtelas en rodajas finas, aproximadamente 1/16 de chile picante pequeño, finamente picado.

INSTRUCCIONES:
a) Coloca el jugo de limón, el aceite de oliva, el vinagre, el azúcar y 1 cucharadita de sal en una cacerola pequeña. Llevar a fuego lento y remover hasta que el azúcar y la sal se hayan disuelto. Retirar del fuego.
b) Escurre las tiras de verduras y transfiérelas a una toalla de papel para que se sequen bien. Seca el bol y reemplaza las verduras. Vierte el aderezo caliente sobre las verduras, mezcla bien y deja enfriar. Colocar en el frigorífico durante al menos 45 minutos.
c) Cuando esté listo para servir, agregue las hierbas, la ralladura de limón y 1 cucharadita de pimienta negra a la ensalada. Revuelva bien, pruebe y agregue más sal si es necesario. Apilar en platos para servir y servir con un poco de labneh a un lado.

74.tabulé

INGREDIENTES:
- 1 taza de trigo bulgur
- 2 tazas de agua hirviendo
- 3 tazas de perejil fresco, finamente picado
- 1 taza de menta fresca, finamente picada
- 4 tomates, finamente picados
- 1 pepino, finamente picado
- 1/2 cebolla morada, finamente picada
- 1/4 taza de aceite de oliva
- Jugo de 2 limones
- Sal y pimienta para probar

INSTRUCCIONES:
a) Coloque el bulgur en un bol y vierta agua hirviendo sobre él. Tapar y dejar reposar durante unos 20 minutos o hasta que se absorba el agua.
b) Revuelva el bulgur con un tenedor y déjelo enfriar.
c) En un tazón grande, combine el perejil picado, la menta, los tomates, el pepino y la cebolla morada.
d) Agrega el bulgur enfriado a las verduras.
e) En un tazón pequeño, mezcle el aceite de oliva, el jugo de limón, la sal y la pimienta. Vierta sobre la ensalada y revuelva para combinar.
f) Ajuste el condimento al gusto y refrigere antes de servir.

75.Ensalada Mixta De Frijoles

INGREDIENTES:

- 10 oz / 280 g de judías amarillas, cortadas (si no están disponibles, duplique la cantidad de judías verdes)
- 280 g / 10 oz de judías verdes, cortadas
- 2 pimientos rojos, cortados en tiras de ¼ de pulgada / 0,5 cm
- 3 cucharadas de aceite de oliva, más 1 cucharadita para los pimientos
- 3 dientes de ajo, en rodajas finas
- 6 cucharadas / 50 g de alcaparras, enjuagadas y secas
- 1 cucharadita de semillas de comino
- 2 cucharaditas de semillas de cilantro
- 4 cebollas verdes, en rodajas finas
- ⅓ taza / 10 g de estragón, picado en trozos grandes
- ⅔ taza / 20 g de hojas de perifollo picadas (o una mezcla de eneldo picado y perejil rallado)
- ralladura de 1 limón
- sal y pimienta negra recién molida

INSTRUCCIONES:
a) Precalienta el horno a 450°F / 220°C.
b) Pon a hervir una cacerola grande con abundante agua y agrega los frijoles amarillos. Después de 1 minuto, agregue las judías verdes y cocine por otros 4 minutos, o hasta que las judías estén bien cocidas pero aún crujientes. Refresque con agua helada, escurra, seque y coloque en un tazón grande para mezclar.
c) Mientras tanto, mezcle los pimientos con 1 cucharadita de aceite, extiéndalos en una bandeja para hornear y colóquelos en el horno durante 5 minutos o hasta que estén tiernos. Retirar del horno y añadir al bol con los frijoles cocidos.
d) Calienta las 3 cucharadas de aceite de oliva en una cacerola pequeña. Agrega el ajo y cocina por 20 segundos; añade las alcaparras (¡cuidado que escupen!) y sofríe otros 15 segundos.
e) Agrega las semillas de comino y cilantro y continúa friendo por otros 15 segundos. El ajo ya debería estar dorado. Retirar del fuego y verter inmediatamente el contenido de la cacerola sobre los frijoles. Mezcle y agregue las cebollas verdes, las hierbas, la ralladura de limón, ¼ de cucharadita generosa de sal y pimienta negra.
f) Sirva o manténgalo refrigerado hasta por un día. Solo recuerde volver a ponerlo a temperatura ambiente antes de servir.

76. Ensalada De Colinabo

INGREDIENTES:
- 3 colinabos medianos (1⅔ lb / 750 g en total)
- ⅓ taza / 80 g de yogur griego
- 5 cucharadas / 70 g de crema agria
- 3 cucharadas de queso mascarpone
- 1 diente de ajo pequeño, machacado
- 1½ cucharadita de jugo de limón recién exprimido
- 1 cucharada de aceite de oliva
- 2 cucharadas de menta fresca finamente rallada
- 1 cucharadita de menta seca
- unas 12 ramitas / 20 g de berros tiernos
- ¼ cucharadita de zumaque
- sal y pimienta blanca

INSTRUCCIONES:
a) Pele las colinabos, córtelas en dados de 1,5 cm / ⅔ de pulgada y colóquelas en un tazón grande para mezclar. Reserva y prepara el aderezo.
b) Pon el yogur, la crema agria, el mascarpone, el ajo, el jugo de limón y el aceite de oliva en un tazón mediano. Agregue ¼ de cucharadita de sal y una pizca saludable de pimienta y bata hasta que quede suave. Agrega el aderezo al colinabo, seguido de la menta fresca y seca y la mitad de los berros.
c) Revuelva suavemente y luego colóquelo en una fuente para servir. Ponga encima los berros restantes y espolvoree con el zumaque.

77. y verduras especiadas

INGREDIENTES:
- ½ taza / 100 g de garbanzos secos
- 1 cucharadita de bicarbonato de sodio
- 2 pepinos pequeños (10 oz / 280 g en total)
- 2 tomates grandes (10½ oz / 300 g en total)
- 8½ oz / 240 g de rábanos
- 1 pimiento rojo, sin semillas y sin costillas
- 1 cebolla morada pequeña, pelada
- ⅔ oz / 20 g de hojas y tallos de cilantro, picados en trozos grandes
- ½ oz / 15 g de perejil de hoja plana, picado en trozos grandes
- 6 cucharadas / 90 ml de aceite de oliva
- ralladura de 1 limón, más 2 cucharadas de jugo
- 1½ cucharada de vinagre de jerez
- 1 diente de ajo, machacado
- 1 cucharadita de azúcar extrafina
- 1 cucharadita de cardamomo molido
- 1½ cucharadita de pimienta de Jamaica molida
- 1 cucharadita de comino molido
- yogur griego (opcional)
- sal y pimienta negra recién molida

INSTRUCCIONES:

a) Remojar los garbanzos secos durante la noche en un bol grande con abundante agua fría y bicarbonato de sodio. Al día siguiente, escurrir, colocar en una cacerola grande y cubrir con agua el doble del volumen de los garbanzos. Llevar a ebullición y cocinar a fuego lento, quitando la espuma, durante aproximadamente una hora, hasta que esté completamente tierno, luego escurrir.

b) Corta el pepino, el tomate, el rábano y el pimiento en dados de 1,5 cm / ⅔ de pulgada; Corta la cebolla en dados de ¼ de pulgada / 0,5 cm. Mezclar todo en un bol con el cilantro y el perejil.

c) En un frasco o recipiente con cierre, mezcle 5 cucharadas / 75 ml de aceite de oliva, el jugo y la ralladura de limón, el vinagre, el ajo y el azúcar y mezcle bien para formar un aderezo, luego sazone al gusto con sal y pimienta. Vierta el aderezo sobre la ensalada y revuelva ligeramente.

d) Mezcle el cardamomo, la pimienta de Jamaica, el comino y ¼ de cucharadita de sal y extiéndalo en un plato. Mezcle los garbanzos cocidos en la mezcla de especias en varias tandas para cubrir bien. Calentar el aceite de oliva restante en una sartén a fuego medio y sofreír los garbanzos durante 2 a 3 minutos, agitando suavemente la sartén para que se cocinen uniformemente y no se peguen. Manténgase caliente.

e) Divida la ensalada en cuatro platos, colóquela en un círculo grande y vierta los garbanzos tibios y especiados encima, manteniendo el borde de la ensalada despejado. Puedes rociar un poco de yogur griego encima para que la ensalada quede cremosa.

78. picante de remolacha, puerro y nueces

INGREDIENTES:
- 4 remolachas medianas (⅓ lb / 600 g en total después de cocinarlas y pelarlas)
- 4 puerros medianos, cortados en gajos de 10 cm / 4 pulgadas (4 tazas / 360 g en total)
- ½ oz / 15 g de cilantro, picado en trozos grandes
- 1¼ tazas / 25 g de rúcula
- ⅓ taza / 50 g de semillas de granada (opcional)
- VENDAJE
- 1 taza / 100 g de nueces, picadas en trozos grandes
- 4 dientes de ajo, finamente picados
- ½ cucharadita de hojuelas de chile
- ¼ de taza / 60 ml de vinagre de sidra
- 2 cucharadas de agua de tamarindo
- ½ cucharadita de aceite de nuez
- 2½ cucharadas de aceite de maní
- 1 cucharadita de sal

INSTRUCCIONES:
a) Precalienta el horno a 425°F / 220°C.
b) Envuelve las remolachas individualmente en papel de aluminio y ástalas en el horno durante 1 a 1½ horas, dependiendo de su tamaño. Una vez cocido, deberías poder clavar fácilmente un cuchillo pequeño en el centro. Retirar del horno y dejar enfriar.
c) Una vez que estén lo suficientemente frías para manipularlas, pela las remolachas, córtalas por la mitad y corta cada mitad en gajos de ⅜ de pulgada / 1 cm de grosor en la base. Poner en un tazón mediano y reservar.
d) Coloque los puerros en una cacerola mediana con agua con sal, déjelos hervir y cocine a fuego lento durante 10 minutos, hasta que estén cocidos; es importante cocinarlos a fuego lento y no cocinarlos demasiado para que no se deshagan. Escurrir y refrescar con agua fría, luego usar un cuchillo de sierra muy afilado para cortar cada segmento en 3 trozos más pequeños y secar. Transfiera a un bol, separe de las remolachas y reserve.

e) Mientras se cocinan las verduras, mezcle todos los ingredientes del aderezo y déjelo reposar durante al menos 10 minutos para que se integren todos los sabores.
f) Divida el aderezo de nueces y el cilantro en partes iguales entre las remolachas y los puerros y revuelva suavemente. Pruebe ambos y agregue más sal si es necesario.
g) Para preparar la ensalada, extienda la mayor parte de las remolachas en una fuente para servir, cubra con un poco de rúcula, luego la mayoría de los puerros, luego las remolachas restantes y termine con más puerros y rúcula. Espolvoree sobre las semillas de granada, si las usa, y sirva.

79.de calabacines y tomates en trozos

INGREDIENTES:
- 8 calabacines de color verde pálido o calabacines normales (aproximadamente 2¼ lb / 1 kg en total)
- 5 tomates grandes y muy maduros (1¾ lb / 800 g en total)
- 3 cucharadas de aceite de oliva, más un poco más para terminar
- 2½ tazas / 300 g de yogur griego
- 2 dientes de ajo machacados
- 2 chiles rojos, sin semillas y picados
- ralladura de 1 limón mediano y 2 cucharadas de jugo de limón recién exprimido
- 1 cucharada de almíbar de dátiles, más un poco más para terminar
- 2 tazas / 200 g de nueces, picadas en trozos grandes
- 2 cucharadas de menta picada
- ⅔ oz / 20 g de perejil de hoja plana, picado
- sal y pimienta negra recién molida

INSTRUCCIONES:

a) Precalienta el horno a 425°F / 220°C. Coloque una plancha con crestas a fuego alto.

b) Recorta los calabacines y córtalos por la mitad a lo largo. Corta los tomates por la mitad también. Unte los calabacines y los tomates con aceite de oliva por el lado cortado y sazone con sal y pimienta.

c) A estas alturas la sartén debería estar bien caliente. Empieza con el calabacín. Coloque algunos de ellos en la sartén, con el lado cortado hacia abajo y cocine por 5 minutos; el calabacín debe quedar bien carbonizado por un lado. Ahora retira los calabacines y repite el mismo proceso con los tomates. Coloca las verduras en una fuente para asar y mete al horno unos 20 minutos, hasta que los calabacines estén bien tiernos.

d) Retire la sartén del horno y deje que las verduras se enfríen un poco. Picarlos en trozos grandes y dejar escurrir en un colador durante 15 minutos.

e) Batir el yogur, el ajo, el chile, la ralladura y el jugo de limón y la melaza en un tazón grande. Agrega las verduras picadas, las nueces, la menta y la mayor parte del perejil y revuelve bien. Sazone con ¾ de cucharadita de sal y un poco de pimienta.

f) Transfiera la ensalada a un plato grande y poco profundo para servir y extiéndala. Adorne con el perejil restante. Finalmente, rocíe un poco de sirope de dátiles y aceite de oliva.

80. De Perejil Y Cebada

INGREDIENTES:
- ¼ de taza / 40 g de cebada perlada
- 5 onzas / 150 g de queso feta
- 5½ cucharadas de aceite de oliva
- 1 cucharadita de za'atar
- ½ cucharadita de semillas de cilantro, ligeramente tostadas y trituradas
- ¼ cucharadita de comino molido
- 80 g / 3 oz de perejil de hoja plana, hojas y tallos finos
- 4 cebollas verdes, finamente picadas (⅓ taza / 40 g en total)
- 2 dientes de ajo machacados
- ⅓ taza / 40 g de anacardos, ligeramente tostados y triturados en trozos grandes
- 1 pimiento verde, sin semillas y cortado en dados de ⅜ de pulgada / 1 cm
- ½ cucharadita de pimienta de Jamaica molida
- 2 cucharadas de jugo de limón recién exprimido
- sal y pimienta negra recién molida

INSTRUCCIONES:
a) Coloca la cebada perlada en una cacerola pequeña, cubre con abundante agua y deja hervir durante 30 a 35 minutos, hasta que esté tierna pero con un toque. Vierta en un colador fino, agite para eliminar toda el agua y transfiera a un tazón grande.

b) Rompa el queso feta en trozos gruesos, de aproximadamente ¾ de pulgada / 2 cm de tamaño, y mézclelo en un tazón pequeño con 1½ cucharada de aceite de oliva, el za'atar, las semillas de cilantro y el comino. Mezclar suavemente y dejar marinar mientras preparas el resto de la ensalada.

c) Picar finamente el perejil y colocar en un bol con las cebolletas, el ajo, los anacardos, la pimienta, la pimienta de Jamaica, el jugo de limón, el resto del aceite de oliva y la cebada cocida. Mezclar bien y sazonar al gusto. Para servir, divida la ensalada en cuatro platos y cubra con el queso feta marinado.

81. Ensalada Fattoush

INGREDIENTES:
- 2 tomates, cortados en cubitos
- 1 pepino, cortado en cubitos
- 1 cebolla morada, finamente picada
- 1 pimiento verde, cortado en cubitos
- 1 taza de rábanos, rebanados
- 1 taza de perejil fresco, picado
- 1 taza de pan pita tostado, partido en pedazos
- 1/4 taza de aceite de oliva
- 2 cucharadas de jugo de limón
- 1 cucharadita de zumaque molido
- Sal y pimienta para probar

INSTRUCCIONES:
a) En un tazón grande, combine los tomates, el pepino, la cebolla morada, el pimiento verde, los rábanos y el perejil.
b) Agrega los trozos de pan pita tostados.
c) En un tazón pequeño, mezcle el aceite de oliva, el jugo de limón, el zumaque, la sal y la pimienta.
d) Vierta el aderezo sobre la ensalada y revuelva suavemente antes de servir.

82.Ensalada picante de zanahoria

INGREDIENTES:
- 6 zanahorias grandes, peladas (aproximadamente 1½ lb / 700 g en total)
- 3 cucharadas de aceite de girasol
- 1 cebolla grande, finamente picada (2 tazas/300 g en total)
- 1 cucharada de Pilpelchuma o 2 cucharadas de harissa (comprada en la tienda o ver receta)
- ½ cucharadita de comino molido
- ½ cucharadita de semillas de alcaravea, recién molidas
- ½ cucharadita de azúcar
- 3 cucharadas de vinagre de sidra
- 1½ tazas / 30 g de hojas de rúcula
- sal

INSTRUCCIONES:
a) Coloque las zanahorias en una cacerola grande, cúbralas con agua y déjelas hervir. Baje el fuego, tape y cocine durante unos 20 minutos, hasta que las zanahorias estén tiernas. Escurrir y, una vez que esté lo suficientemente frío como para manipularlo, cortarlo en rodajas de ¼ de pulgada / 0,5 cm.

b) Mientras se cocinan las zanahorias, calienta la mitad del aceite en una sartén grande. Agrega la cebolla y cocina a fuego medio durante 10 minutos, hasta que esté dorada.

c) Vierta la cebolla frita en un tazón grande y agregue el pilpelchuma, el comino, la alcaravea, ¾ de cucharadita de sal, el azúcar, el vinagre y el aceite restante. Agrega las zanahorias y revuelve bien. Dejar reposar durante al menos 30 minutos para que maduren los sabores.

d) Coloca la ensalada en un plato grande, salpicando con la rúcula a medida que avanzas.

SOPAS

83.de berros y garbanzos con agua de rosas

INGREDIENTES:
- 2 zanahorias medianas (9 oz / 250 g en total), cortadas en dados de ¾ de pulgada / 2 cm
- 3 cucharadas de aceite de oliva
- 2½ cucharaditas de ras el hanout
- ½ cucharadita de canela molida
- 1½ tazas / 240 g de garbanzos cocidos, frescos o enlatados
- 1 cebolla mediana, en rodajas finas
- 2½ cucharadas / 15 g de jengibre fresco pelado y finamente picado
- 2½ tazas / 600 ml de caldo de verduras
- 7 oz / 200 g de berros
- 3½ oz / 100 g de hojas de espinaca
- 2 cucharaditas de azúcar extrafina
- 1 cucharadita de agua de rosas
- sal
- yogur griego, para servir (opcional)
- Precalienta el horno a 425°F / 220°C.

INSTRUCCIONES:

a) Mezcle las zanahorias con 1 cucharada de aceite de oliva, el ras el hanout, la canela y una pizca generosa de sal y extiéndalas en una fuente para horno forrada con papel pergamino. Coloca en el horno por 15 minutos, luego agrega la mitad de los garbanzos, revuelve bien y cocina por otros 10 minutos, hasta que la zanahoria se ablande pero aún tenga un toque.

b) Mientras tanto, coloca la cebolla y el jengibre en una cacerola grande. Saltee con el aceite de oliva restante durante unos 10 minutos a fuego medio, hasta que la cebolla esté completamente suave y dorada. Agregue el resto de los garbanzos, el caldo, los berros, las espinacas, el azúcar y ¾ de cucharadita de sal, revuelva bien y deje hervir. Cocine durante uno o dos minutos, hasta que las hojas se marchiten.

c) Con un procesador de alimentos o una licuadora, mezcle la sopa hasta que quede suave. Agrega el agua de rosas, revuelve, prueba y agrega más sal o agua de rosas si lo deseas. Reserva hasta que la zanahoria y los garbanzos estén listos, luego vuelve a calentar para servir.

d) Para servir, divida la sopa en cuatro tazones y cubra con la zanahoria y los garbanzos calientes y, si lo desea, aproximadamente 2 cucharaditas de yogur por porción.

84. caliente de yogur y cebada

INGREDIENTES:
- 6¾ tazas / 1,6 litros de agua
- 1 taza / 200 g de cebada perlada
- 2 cebollas medianas, finamente picadas
- 1½ cucharadita de menta seca
- 4 cucharadas / 60 g de mantequilla sin sal
- 2 huevos grandes, batidos
- 2 tazas / 400 g de yogur griego
- ⅔ oz / 20 g de menta fresca, picada
- ⅓ oz / 10 g de perejil de hoja plana, picado
- 3 cebollas verdes, en rodajas finas
- sal y pimienta negra recién molida

INSTRUCCIONES:

a) Hierva el agua con la cebada en una cacerola grande, agregue 1 cucharadita de sal y cocine a fuego lento hasta que la cebada esté cocida pero aún al dente, de 15 a 20 minutos. Retirar del fuego. Una vez cocida, necesitarás 4¾ tazas / 1,1 litros del líquido de cocción de la sopa; rellénelo con agua si le queda menos debido a la evaporación.

b) Mientras se cocina la cebada, saltee la cebolla y la menta seca a fuego medio en la mantequilla hasta que estén suaves, aproximadamente 15 minutos. Agregue esto a la cebada cocida.

c) Batir los huevos y el yogur en un tazón grande resistente al calor. Mezcle lentamente un poco de cebada y agua, un cucharón a la vez, hasta que el yogur se haya calentado. Esto templará el yogur y los huevos y evitará que se partan cuando se agreguen al líquido caliente.

d) Agregue el yogur a la olla de sopa y vuelva a poner a fuego medio, revolviendo continuamente, hasta que la sopa hierva a fuego lento. Retirar del fuego, agregar las hierbas picadas y las cebolletas y comprobar la sazón.

e) Servir caliente.

85. Sopa cannellini de judías y cordero

INGREDIENTES:
- 1 cucharada de aceite de girasol
- 1 cebolla pequeña (5 oz / 150 g en total), finamente picada
- ¼ de raíz de apio pequeña, pelada y cortada en dados de ¼ de pulgada / 0,5 cm (6 oz / 170 g en total)
- 20 dientes de ajo grandes, pelados pero enteros
- 1 cucharadita de comino molido
- 1 libra / 500 g de carne de cordero guisada (o ternera si lo prefiere), cortada en cubos de ¾ de pulgada / 2 cm
- 7 tazas / 1,75 litros de agua
- ½ taza / 100 g de frijoles cannellini o pintos secos, remojados durante la noche en abundante agua fría y luego escurridos
- 7 vainas de cardamomo, ligeramente trituradas
- ½ cucharadita de cúrcuma molida
- 2 cucharadas de pasta de tomate
- 1 cucharadita de azúcar extrafina
- 9 oz / 250 g Yukon Gold u otra papa de pulpa amarilla, pelada y cortada en cubos de ¾ de pulgada / 2 cm
- sal y pimienta negra recién molida
- pan, para servir
- jugo de limón recién exprimido, para servir
- cilantro picado o Zhoug

INSTRUCCIONES:

a) Calienta el aceite en una sartén grande y cocina la cebolla y la raíz de apio a fuego medio-alto durante 5 minutos, o hasta que la cebolla comience a dorarse. Agrega los dientes de ajo y el comino y cocina por 2 minutos más. Retirar del fuego y reservar.

b) Coloque la carne y el agua en una cacerola grande o en una cacerola a fuego medio-alto, hierva, baje el fuego y cocine a fuego lento durante 10 minutos, desnatando la superficie con frecuencia hasta obtener un caldo claro. Agregue la mezcla de cebolla y raíz de apio, los frijoles escurridos, el cardamomo, la cúrcuma, la pasta de tomate y el azúcar. Llevar a ebullición, tapar y cocinar a fuego lento durante 1 hora o hasta que la carne esté tierna.

c) Agrega las patatas a la sopa y sazona con 1 cucharadita de sal y ½ cucharadita de pimienta negra.
d) Vuelva a hervir, baje el fuego y cocine a fuego lento, sin tapar, durante 20 minutos más, o hasta que las patatas y los frijoles estén tiernos. La sopa debe quedar espesa. Deje que burbujee un poco más, si es necesario, para reducir o agregue un poco de agua. Pruebe y agregue más condimentos a su gusto.
e) Sirva la sopa con pan y un poco de jugo de limón y cilantro fresco picado o zhoug.

86.de Mariscos e Hinojo

INGREDIENTES:
- 2 cucharadas de aceite de oliva
- 4 dientes de ajo, en rodajas finas
- 2 bulbos de hinojo (10½ oz / 300 g en total), recortados y cortados en gajos finos
- 1 papa cerosa grande (200 g / 7 oz en total), pelada y cortada en cubos de 1,5 cm / ⅔ de pulgada
- 3 tazas / 700 ml de caldo de pescado (o caldo de pollo o de verduras, si se prefiere)
- ½ limón en conserva mediano (½ oz / 15 g en total), comprado en la tienda o ver receta
- 1 chile rojo, rebanado (opcional)
- 6 tomates (14 oz / 400 g en total), pelados y cortados en cuartos
- 1 cucharada de pimentón dulce
- buena pizca de azafrán
- 4 cucharadas de perejil de hoja plana finamente picado
- 4 filetes de lubina (aproximadamente 10½ oz / 300 g en total), con piel y cortados por la mitad
- 14 mejillones (aproximadamente 8 oz / 220 g en total)
- 15 almejas (aproximadamente 4½ oz / 140 g en total)
- 10 langostinos tigre (unos 220 g / 8 oz en total), con cáscara o pelados y desvenados
- 3 cucharadas de arak, ouzo o Pernod
- 2 cucharaditas de estragón picado (opcional)
- sal y pimienta negra recién molida

INSTRUCCIONES:
a) Coloca el aceite de oliva y el ajo en una sartén amplia de borde bajo y cocina a fuego medio durante 2 minutos sin colorear el ajo. Agregue el hinojo y la papa y cocine de 3 a 4 minutos más. Agrega el caldo y el limón en conserva, sazona con ¼ de cucharadita de sal y un poco de pimienta negra, deja hervir, luego tapa y cocina a fuego lento de 12 a 14 minutos, hasta que las papas estén cocidas. Agregue el chile (si lo usa), los tomates, las especias y la mitad del perejil y cocine por 4 a 5 minutos más.

b) En este punto, agregue otros 1¼ tazas / 300 ml de agua, simplemente la cantidad necesaria para poder cubrir el pescado y escalfarlo, y vuelva a hervir a fuego lento. Agrega la lubina y los mariscos, tapa la cacerola y deja hervir con bastante fuerza durante 3 a 4 minutos, hasta que los mariscos se abran y los langostinos se pongan rosados.
c) Con una espumadera, retire el pescado y los mariscos de la sopa. Si todavía está un poco aguada, deja que la sopa hierva unos minutos más para que reduzca. Agregue el arak y pruebe para sazonar.
d) Por último, devuelve los mariscos y el pescado a la sopa para recalentarlos. Sirva de inmediato, adornado con el resto del perejil y el estragón, si lo usa.

87. sopa de pistacho

INGREDIENTES:
- 2 cucharadas de agua hirviendo
- ¼ cucharadita de hebras de azafrán
- 1⅔ tazas / 200 g de pistachos pelados y sin sal
- 2 cucharadas / 30 g de mantequilla sin sal
- 4 chalotes, finamente picados (3½ oz / 100 g en total)
- 1 oz / 25 g de jengibre, pelado y finamente picado
- 1 puerro finamente picado (1¼ tazas / 150 g en total)
- 2 cucharaditas de comino molido
- 3 tazas / 700 ml de caldo de pollo
- ⅓ taza / 80 ml de jugo de naranja recién exprimido
- 1 cucharada de jugo de limón recién exprimido
- sal y pimienta negra recién molida
- crema agria, para servir

INSTRUCCIONES:

a) Precalienta el horno a 350°F / 180°C. Verter el agua hirviendo sobre las hebras de azafrán en una taza pequeña y dejar en infusión durante 30 minutos.

b) Para quitar la piel de los pistachos, escaldamos las nueces en agua hirviendo durante 1 minuto, las escurrimos y, mientras aún están calientes, retiramos la piel presionando las nueces entre los dedos. No toda la piel se desprenderá como ocurre con las almendras (esto está bien, ya que no afectará la sopa), pero eliminar un poco de piel mejorará el color y lo hará de un verde más brillante. Extiende los pistachos en una bandeja para horno y ásalos en el horno durante 8 minutos. Retirar y dejar enfriar.

c) Calienta la mantequilla en una cacerola grande y agrega las chalotas, el jengibre, el puerro, el comino, ½ cucharadita de sal y un poco de pimienta negra. Saltee a fuego medio durante 10 minutos, revolviendo con frecuencia, hasta que las chalotas estén completamente suaves. Añadimos el caldo y la mitad del líquido de azafrán. Tapa la cacerola, baja el fuego y deja que la sopa hierva a fuego lento durante 20 minutos.

d) Coloque todos los pistachos menos 1 cucharada en un tazón grande junto con la mitad de la sopa. Use una licuadora de mano para batir hasta que quede suave y luego regrésela a la cacerola. Agrega el jugo de naranja y limón, recalienta y prueba para ajustar la sazón.

e) Para servir, pique en trozos grandes los pistachos reservados. Transfiera la sopa caliente a tazones y cubra con una cucharada de crema agria. Espolvorea con los pistachos y rocía con el líquido de azafrán restante.

88. de berenjena quemada y mograbieh

INGREDIENTES:
- 5 berenjenas pequeñas (aproximadamente 2½ lb / 1,2 kg en total)
- aceite de girasol, para freír
- 1 cebolla cortada en rodajas (aproximadamente 1 taza/125 g en total)
- 1 cucharada de semillas de comino, recién molidas
- 1½ cucharadita de pasta de tomate
- 2 tomates grandes (350 g / 12 oz en total), pelados y cortados en cubitos
- 1½ tazas / 350 ml de caldo de pollo o verduras
- 1⅔ tazas / 400 ml de agua
- 4 dientes de ajo machacados
- 2½ cucharaditas de azúcar
- 2 cucharadas de jugo de limón recién exprimido
- ⅓ taza/100 g de mograbieh, o alternativa, como maftoul, fregola o cuscús gigante (ver sección de Cuscús)
- 2 cucharadas de albahaca rallada o 1 cucharada de eneldo picado, opcional
- sal y pimienta negra recién molida

INSTRUCCIONES:

a) Empieza quemando tres de las berenjenas. Para ello sigue las instrucciones de Berenjena quemada con ajo, limón y semillas de granada.

b) Corta las berenjenas restantes en dados de ⅔ de pulgada/1,5 cm. Calienta aproximadamente ⅔ de taza/150 ml de aceite en una cacerola grande a fuego medio-alto. Cuando esté caliente añadimos los dados de berenjena. Freír durante 10 a 15 minutos, revolviendo con frecuencia, hasta que todo tenga color; agregue un poco más de aceite si es necesario para que siempre haya algo de aceite en la sartén. Retire la berenjena, colóquela en un colador para que escurra y espolvoree con sal.

c) Asegúrese de que quede aproximadamente 1 cucharada de aceite en la sartén, luego agregue la cebolla y el comino y saltee durante aproximadamente 7 minutos, revolviendo con frecuencia. Agrega la pasta de tomate y cocina por un minuto más antes de agregar los tomates, el caldo, el agua, el ajo, el azúcar, el jugo de limón, 1½ cucharadita de sal y un poco de pimienta negra. Cocine a fuego lento durante 15 minutos.

d) Mientras tanto, hierva una cacerola pequeña con agua con sal y agregue el mograbieh o una alternativa. Cocine hasta que esté al dente; esto variará según la marca, pero debería tomar de 15 a 18 minutos (consulte el paquete). Escurrir y refrescar con agua fría.

e) Transfiera la pulpa de berenjena quemada a la sopa y mezcle hasta obtener un líquido suave con una batidora de mano. Añade el mograbieh y la berenjena frita, reserva un poco para decorar al final y cocina a fuego lento durante 2 minutos más. Prueba y ajusta el sazón. Sirva caliente, con el mograbieh reservado y la berenjena frita encima y adorne con albahaca o eneldo, si lo desea.

89.Sopa de tomate y masa madre

INGREDIENTES:
- 2 cucharadas de aceite de oliva, más un poco más para terminar
- 1 cebolla grande, picada (1⅔ tazas / 250 g en total)
- 1 cucharadita de semillas de comino
- 2 dientes de ajo machacados
- 3 tazas / 750 ml de caldo de verduras
- 4 tomates maduros grandes, picados (4 tazas/650 g en total)
- una lata de 400 g / 14 oz de tomates italianos picados
- 1 cucharada de azúcar extrafina
- 1 rebanada de pan de masa madre (1½ oz / 40 g en total)
- 2 cucharadas de cilantro picado, más un poco más para terminar
- sal y pimienta negra recién molida

INSTRUCCIONES:
a) Calienta el aceite en una cacerola mediana y agrega la cebolla. Saltee durante unos 5 minutos, revolviendo con frecuencia, hasta que la cebolla esté transparente. Agrega el comino y el ajo y sofríe durante 2 minutos. Vierta el caldo, ambos tipos de tomate, el azúcar, 1 cucharadita de sal y un buen molido de pimienta negra.
b) Llevar la sopa a fuego lento y cocinar durante 20 minutos, añadiendo el pan cortado en trozos a mitad de la cocción.
c) Finalmente, agregue el cilantro y luego mezcle, usando una licuadora, en unas cuantas pulsaciones para que los tomates se desintegren pero aún queden un poco gruesos y con trozos. La sopa debe quedar bastante espesa; agregue un poco de agua si está demasiado espesa en este punto. Sirva, rociado con aceite y espolvoreado con cilantro fresco.

90.Sopa clara de pollo con knaidlach

INGREDIENTES:
- 1 pollo de corral, aproximadamente 4½ lb / 2 kg, dividido en cuartos, con todos los huesos, más menudencias si puede conseguirlas y las alas o huesos adicionales que puede conseguir en el carnicero
- 1½ cucharadita de aceite de girasol
- 1 taza / 250 ml de vino blanco seco
- 2 zanahorias, peladas y cortadas en rodajas de ¾ de pulgada / 2 cm (2 tazas / 250 g en total)
- 4 tallos de apio (aproximadamente 300 g/10½ oz en total), cortados en gajos de 6 cm/2½ pulgadas
- 2 cebollas medianas (aproximadamente 350 g / 12 oz en total), cortadas en 8 gajos
- 1 nabo grande (200 g / 7 oz), pelado, recortado y cortado en 8 gajos
- 2 oz / 50 g manojo de perejil de hoja plana
- 2 oz / 50 g de manojo de cilantro
- 5 ramitas de tomillo
- 1 ramita pequeña de romero
- ¾ oz / 20 g de eneldo, más extra para decorar
- 3 hojas de laurel
- 3½ oz / 100 g de jengibre fresco, en rodajas finas
- 20 granos de pimienta negra
- 5 bayas de pimienta de Jamaica
- sal

KNAIDLACH
- 2 huevos extra grandes
- 2½ cucharadas / 40 g de margarina o grasa de pollo, derretida y dejada enfriar un poco
- 2 cucharadas de perejil de hoja plana finamente picado
- ⅔ taza / 75 g de harina de matzá
- 4 cucharadas de agua con gas
- sal y pimienta negra recién molida

INSTRUCCIONES:

a) Para hacer el knaidlach, bate los huevos en un tazón mediano hasta que estén espumosos. Agrega la margarina derretida, luego ½ cucharadita de sal, un poco de pimienta negra y el perejil. Poco a poco, agregue la harina de matzá, seguido del agua con gas y revuelva hasta obtener una pasta uniforme. Cubra el tazón y enfríe la masa hasta que esté fría y firme, al menos una o dos horas y hasta 1 día antes.

b) Forre una bandeja para hornear con papel film. Con las manos mojadas y una cuchara, forme bolas con la masa del tamaño de nueces pequeñas y colóquelas en la bandeja para hornear.

c) Coloque las bolas de matzá en una olla grande con agua hirviendo con sal. Cubra parcialmente con una tapa y baje el fuego a bajo. Cocine a fuego lento hasta que estén tiernos, aproximadamente 30 minutos.

d) Con una espumadera, transfiera el knaidlach a una bandeja para hornear limpia donde puedan enfriarse y luego enfriarse por hasta un día. O pueden ir directamente a la sopa caliente.

e) Para la sopa, retire el exceso de grasa del pollo y deséchelo. Vierta el aceite en una cacerola muy grande o en una olla y dore los trozos de pollo a fuego alto por todos lados, de 3 a 4 minutos. Retirar de la sartén, desechar el aceite y limpiar la sartén.

f) Agrega el vino y déjalo burbujear por un minuto. Devuelva el pollo, cúbralo con agua y déjelo hervir a fuego lento. Cocine a fuego lento durante unos 10 minutos, quitando la espuma.

g) Agrega las zanahorias, el apio, la cebolla y el nabo. Ate todas las hierbas en un manojo con una cuerda y agréguelas a la olla. Agrega las hojas de laurel, el jengibre, los granos de pimienta, la pimienta de Jamaica y 1½ cucharaditas de sal y luego vierte suficiente agua para cubrir todo bien.

h) Vuelva a llevar la sopa a fuego lento y cocine durante 1½ horas, desnatando ocasionalmente y agregando agua según sea necesario para mantener todo bien cubierto. Saca el pollo de la sopa y retira la carne de los huesos. Guarda la carne en un bol con un poco de caldo para mantenerla húmeda y refrigera; reservar para otro uso.

i) Regrese los huesos a la olla y cocine a fuego lento durante una hora más, agregando suficiente agua para mantener los huesos y las verduras cubiertos. Cuela la sopa caliente y desecha las hierbas, las verduras y los huesos. Calentar el knaidlach cocido en la sopa.

j) Una vez que estén calientes, sirve la sopa y el knaidlach en tazones poco profundos, espolvoreados con eneldo.

91. Sopa picante de freekeh con albóndigas

INGREDIENTES:
- 14 oz / 400 g de carne molida de res, cordero o una combinación de ambos
- 1 cebolla pequeña (5 oz / 150 g en total), finamente picada
- 2 cucharadas de perejil de hoja plana finamente picado
- ½ cucharadita de pimienta de Jamaica molida
- ¼ cucharadita de canela molida
- 3 cucharadas de harina para todo uso
- 2 cucharadas de aceite de oliva
- sal y pimienta negra recién molida
- SOPA
- 2 cucharadas de aceite de oliva
- 1 cebolla grande (9 oz / 250 g en total), picada
- 3 dientes de ajo machacados
- 2 zanahorias (9 oz / 250 g en total), peladas y cortadas en cubos de ⅜ de pulgada / 1 cm
- 2 tallos de apio (150 g / 5 oz en total), cortados en cubos de 1 cm / ⅜ de pulgada
- 3 tomates grandes (350 g / 12 oz en total), picados
- 2½ cucharadas / 40 g de pasta de tomate
- 1 cucharada de mezcla de especias baharat (comprada en la tienda o ver receta)
- 1 cucharada de cilantro molido
- 1 rama de canela
- 1 cucharada de azúcar extrafina
- 1 taza / 150 g de freekeh partido
- 2 tazas / 500 ml de caldo de res
- 2 tazas / 500 ml de caldo de pollo
- 3¼ tazas / 800 ml de agua caliente
- ⅓ oz / 10 g de cilantro, picado
- 1 limón, cortado en 6 gajos

INSTRUCCIONES:

a) Empieza con las albóndigas. En un tazón grande, mezcle la carne, la cebolla, el perejil, la pimienta de Jamaica, la canela, ½ cucharadita de sal y ¼ de cucharadita de pimienta. Con las manos, mezcle bien, luego forme bolas del tamaño de una ping-pong con la mezcla y enróllelas en la harina; obtendrás unas 15. Calienta el aceite de oliva en una olla grande y fríe las albóndigas a fuego medio durante unos minutos, hasta que estén doradas por todos lados. Retire las albóndigas y reserve.

b) Limpia la sartén con toallas de papel y agrega el aceite de oliva para la sopa. A fuego medio sofreír la cebolla y el ajo durante 5 minutos. Agregue las zanahorias y el apio y cocine por 2 minutos. Agrega los tomates, la pasta de tomate, las especias, el azúcar, 2 cucharaditas de sal y ½ cucharadita de pimienta y cocina por 1 minuto más. Agregue el freekeh y cocine de 2 a 3 minutos. Agrega el caldo, el agua caliente y las albóndigas. Llevar a ebullición, bajar el fuego y cocinar a fuego lento durante 35 a 45 minutos más, revolviendo ocasionalmente, hasta que el freekeh esté tierno y tierno. La sopa debe quedar bastante espesa. Reducir o añadir un poco de agua según sea necesario. Finalmente, prueba y ajusta la sazón.

c) Sirva la sopa caliente en tazones para servir y espolvoree con el cilantro. Sirve las rodajas de limón a un lado.

POSTRE

92.Sfouf (pastel de cúrcuma)

INGREDIENTES:
2 tazas de sémola
1 taza de harina para todo uso
2 tazas de azúcar
1 cucharada de cúrcuma molida
1 cucharadita de anís molido
1 cucharadita de mahlab molido (opcional)
1 cucharada de polvo para hornear
1 taza de aceite vegetal
1 taza de agua
1 cucharada de tahini (para engrasar la sartén)
Piñones o almendras tostadas (para decorar)

INSTRUCCIONES:
Precalienta tu horno a 350°F (180°C).
Engrasa un molde para hornear cuadrado o rectangular con tahini.
En un tazón grande, combine la sémola, la harina para todo uso, el azúcar, la cúrcuma molida, el anís molido, el mahlab molido (si se usa) y el polvo para hornear. Mezclar bien.
Agregue aceite vegetal a los ingredientes secos y mezcle.
Agrega poco a poco agua mientras revuelves continuamente hasta lograr una masa suave.
Vierta la masa en el molde para hornear engrasado, distribuyéndola uniformemente.
Adorne la parte superior de la masa con piñones o almendras tostadas, presionándolas ligeramente contra la masa.
Hornea en el horno precalentado durante aproximadamente 30-35 minutos o hasta que al insertar un palillo en el centro éste salga limpio.
Deje que el sfouf se enfríe en la sartén antes de cortarlo en cuadrados o diamantes.

93.Mamoul con dátiles

INGREDIENTES:
PARA LA MASA:
- 3 tazas de sémola
- 1 taza de harina para todo uso
- 1 taza de mantequilla sin sal, derretida
- 1/2 taza de azúcar granulada
- 1/4 taza de agua de rosas o agua de azahar
- 1/4 taza de leche
- 1 cucharadita de polvo para hornear

PARA EL LLENADO DE FECHA:
- 2 tazas de dátiles sin hueso, picados
- 1/2 taza de agua
- 1 cucharada de mantequilla
- 1 cucharadita de canela molida

PARA QUITAR EL POLVO (OPCIONAL):
- Azúcar en polvo para espolvorear

INSTRUCCIONES:
FECHA DE LLENADO:
a) En una cacerola, combine los dátiles picados, el agua, la mantequilla y la canela molida.
b) Cocine a fuego medio, revolviendo constantemente, hasta que los dátiles se ablanden y la mezcla se espese hasta obtener una consistencia pastosa.
c) Retirar del fuego y dejar enfriar.

MASA DE MAMUL:
d) En un tazón grande, combine la sémola, la harina para todo uso y el polvo para hornear.
e) Agregue mantequilla derretida a la mezcla de harina y mezcle bien.
f) En un recipiente aparte, combine el azúcar, el agua de rosas (o agua de azahar) y la leche. Revuelva hasta que el azúcar se disuelva.
g) Agrega la mezcla líquida a la mezcla de harina y amasa hasta tener una masa suave. Si la masa se desmorona demasiado, puedes agregar un poco más de mantequilla derretida o leche.
h) Cubre la masa y déjala reposar durante unos 30 minutos a una hora.

i) MONTAJE DE LAS GALLETAS MAMOUL:
j) Precalienta tu horno a 350°F (175°C).
k) Toma una pequeña porción de la masa y dale forma de bola. Aplana la bola en tu mano y coloca una pequeña cantidad del relleno de dátiles en el centro.
l) Encierre el relleno con la masa, dándole forma de bola suave o de cúpula. Puedes utilizar moldes Mamoul para decoración si los tienes.
m) Coloca las galletas rellenas en una bandeja para hornear forrada con papel pergamino.
n) Hornee durante 15-20 minutos o hasta que la base esté dorada. Es posible que la parte superior no cambie mucho de color.
o) Deje que las galletas se enfríen en la bandeja para hornear durante unos minutos antes de transferirlas a una rejilla para que se enfríen por completo.

POLVO OPCIONAL:
p) Una vez que las galletas Mamoul estén completamente frías, puedes espolvorearlas con azúcar glass.

94.baklava

INGREDIENTES:
- 1 paquete de masa filo
- 1 taza de mantequilla sin sal, derretida
- 2 tazas de nueces mixtas (nueces, pistachos), finamente picadas
- 1 taza de azúcar granulada
- 1 cucharadita de canela molida
- 1 taza de miel
- 1/4 taza de agua
- 1 cucharadita de agua de rosas (opcional)

INSTRUCCIONES:
a) Precalienta el horno a 350°F (175°C).
b) En un bol mezclar las nueces picadas con el azúcar y la canela.
c) Coloque una hoja de masa filo en una fuente para hornear engrasada, unte con mantequilla derretida y repita hasta obtener unas 10 capas.
d) Espolvorea una capa de la mezcla de nueces sobre el filo.
e) Continúe colocando capas de masa filo y nueces hasta que se le acaben los ingredientes y termine con una capa superior de masa filo.
f) Con un cuchillo afilado, corte el baklava en forma de diamante o cuadrado.
g) Hornee durante 45-50 minutos o hasta que estén dorados.
h) Mientras se hornea el baklava, caliente la miel, el agua y el agua de rosas (si se usa) en una cacerola a fuego lento.
i) Una vez que el baklava esté listo, vierte inmediatamente la mezcla de miel caliente sobre él.
j) Deje que el baklava se enfríe antes de servir.

95. Mafroukeh (postre de sémola y almendras)

INGREDIENTES:
- 2 tazas de sémola
- 1 taza de mantequilla sin sal
- 1 taza de azúcar granulada
- 1 taza de leche entera
- 1 taza de almendras blanqueadas, tostadas y picadas
- Almíbar simple (1 taza de azúcar, 1/2 taza de agua, 1 cucharadita de agua de azahar, hervida hasta que esté espeso)

INSTRUCCIONES:
a) En una sartén derrita la mantequilla y agregue la sémola. Revuelva continuamente hasta que esté dorado.
b) Agrega el azúcar y continúa revolviendo hasta que esté bien combinado.
c) Agregue lentamente la leche mientras revuelve para evitar grumos. Cocine hasta que la mezcla espese.
d) Retire del fuego y agregue las almendras tostadas y picadas.
e) Presione la mezcla en una fuente para servir y déjela enfriar.
f) Córtelo en forma de rombos y vierta el almíbar simple preparado sobre el mafroukeh.
g) Deje que absorba el almíbar antes de servir.

96.pimiento rojo y huevo al horno

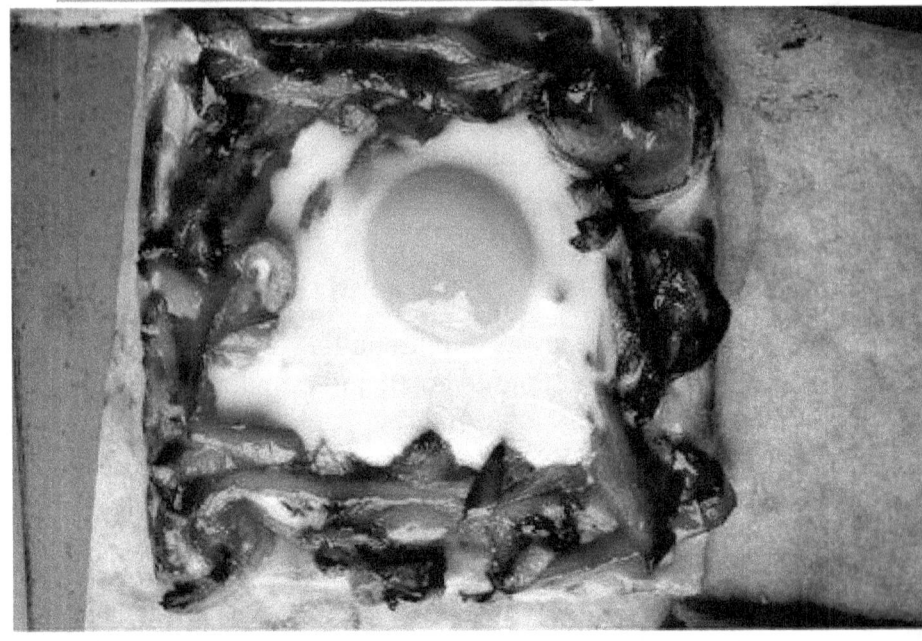

INGREDIENTES:
- 4 pimientos rojos medianos, partidos por la mitad, sin semillas y cortados en tiras de ⅜ de pulgada / 1 cm de ancho
- 3 cebollas pequeñas, partidas por la mitad y cortadas en gajos de ¾ de pulgada / 2 cm de ancho
- 4 ramitas de tomillo, hojas recogidas y picadas
- 1½ cucharadita de cilantro molido
- 1½ cucharadita de comino molido
- 6 cucharadas de aceite de oliva, más un poco más para terminar
- 1½ cucharada de hojas de perejil de hoja plana, picadas en trozos grandes
- 1½ cucharada de hojas de cilantro, picadas en trozos grandes
- 9 oz / 250 g de hojaldre con mantequilla de la mejor calidad
- 2 cucharadas / 30 g de crema agria
- 4 huevos grandes de gallinas camperas (o 5½ oz / 160 g de queso feta, desmenuzado), más 1 huevo, ligeramente batido
- sal y pimienta negra recién molida

INSTRUCCIONES:
a) Precalienta el horno a 400°F / 210°C. En un bol grande, mezcle los pimientos, la cebolla, las hojas de tomillo, las especias molidas, el aceite de oliva y una buena pizca de sal. Extienda en una fuente para asar y ase durante 35 minutos, revolviendo un par de veces durante la cocción. Las verduras deben estar suaves y dulces, pero no demasiado crujientes ni doradas, ya que se cocinarán más. Retirar del horno y agregar la mitad de las hierbas frescas. Probar para sazonar y reservar. Enciende el horno a 425°F / 220°C.

b) Sobre una superficie ligeramente enharinada, extienda el hojaldre hasta formar un cuadrado de 30 cm / 12 pulgadas y aproximadamente 3 mm / ⅛ de pulgada de grosor y córtelo en cuatro cuadrados de 15 cm / 6 pulgadas. Pincha todos los cuadrados con un tenedor y colócalos, bien espaciados, en una bandeja para horno forrada con papel pergamino. Dejar reposar en la nevera durante al menos 30 minutos.

c) Saca la masa de la nevera y unta la parte superior y los lados con huevo batido. Con una espátula acodada o el dorso de una cuchara, esparza 1½ cucharaditas de crema agria sobre cada cuadrado, dejando un borde de ¼ de pulgada/0,5 cm alrededor de los bordes. Coloque 3 cucharadas de la mezcla de pimientos encima de los cuadrados cubiertos de crema agria, dejando que los bordes se levanten. Debe extenderse bastante uniformemente, pero deja un hueco poco profundo en el medio para contener un huevo más adelante.

d) Hornea las galettes durante 14 minutos. Saca la bandeja para hornear del horno y rompe con cuidado un huevo entero en el hueco del centro de cada masa. Regrese al horno y cocine por otros 7 minutos, hasta que los huevos estén listos. Espolvoree con pimienta negra y las hierbas restantes y rocíe con aceite. Servir de inmediato.

97.Pastel de hierbas

INGREDIENTES:
- 2 cucharadas de aceite de oliva, más un poco más para untar la masa
- 1 cebolla grande, picada
- 1 libra / 500 g de acelgas, tallos y hojas finamente ralladas pero separadas
- 5 oz / 150 g de apio, en rodajas finas
- 1¾ oz / 50 g de cebolla verde, picada
- 1¾ oz / 50 g de rúcula
- 1 oz / 30 g de perejil de hoja plana, picado
- 1 oz / 30 g de menta, picada
- ¾ oz / 20 g de eneldo picado
- 4 oz / 120 g de queso anari o ricotta, desmenuzado
- 3½ oz / 100 g de queso cheddar añejo, rallado
- 2 oz / 60 g de queso feta, desmenuzado
- ralladura de 1 limón
- 2 huevos grandes de gallinas camperas
- ⅓ cucharadita de sal
- ½ cucharadita de pimienta negra recién molida
- ½ cucharadita de azúcar extrafina
- 250 g de masa filo

INSTRUCCIONES:

a) Precalienta el horno a 400°F / 200°C. Vierta el aceite de oliva en una sartén grande y profunda a fuego medio. Agrega la cebolla y sofríe durante 8 minutos sin que se dore. Agrega los tallos de acelgas y el apio y continúa cocinando durante 4 minutos, revolviendo ocasionalmente. Agrega las hojas de acelgas, aumenta el fuego a medio-alto y revuelve mientras cocinas durante 4 minutos, hasta que las hojas se ablanden. Agregue la cebolla verde, la rúcula y las hierbas y cocine por 2 minutos más. Retirar del fuego y transferir a un colador para que se enfríe.

b) Una vez que la mezcla esté fría, exprime tanta agua como puedas y transfiérala a un tazón para mezclar. Agrega los tres quesos, la ralladura de limón, los huevos, la sal, la pimienta y el azúcar y mezcla bien.

c) Extender una lámina de masa filo y untarla con un poco de aceite de oliva. Cubra con otra hoja y continúe de la misma manera hasta que tenga 5 capas de filo untadas con aceite, cubriendo todas un área lo suficientemente grande como para cubrir los lados y el fondo de un molde para pastel de 8½ pulgadas / 22 cm, más un poco más para colgar sobre el borde. . Forre el molde para pastel con la masa, rellénelo con la mezcla de hierbas y doble el exceso de masa sobre el borde del relleno, recortando la masa según sea necesario para crear un borde de ¾ de pulgada / 2 cm.
d) Haga otro conjunto de 5 capas de filo untadas con aceite y colóquelas sobre el pastel. Arrugue un poco la masa para crear una parte superior ondulada y desigual y recorte los bordes para que cubra apenas la tarta. Unte con aceite de oliva y hornee durante 40 minutos, hasta que el filo adquiera un bonito color dorado. Retirar del horno y servir tibio o a temperatura ambiente.

98. burekas

INGREDIENTES:
- 500 g / 1 libra de hojaldre con mantequilla de la mejor calidad
- 1 huevo grande de gallinas camperas, batido

RELLENO DE RICOTA
- ¼ de taza / 60 g de requesón
- ¼ de taza / 60 g de queso ricota
- ⅔ taza / 90 de queso feta desmenuzado
- 2 cucharaditas / 10 g de mantequilla sin sal, derretida

RELLENO DE PECORINO
- 3½ cucharadas / 50 g de queso ricotta
- ⅔ taza / 70 g de queso pecorino añejo rallado
- ⅓ taza / 50 g de queso Cheddar añejo rallado
- 1 puerro, cortado en gajos de 5 cm / 2 pulgadas, blanqueado hasta que esté tierno y picado finamente (¾ taza / 80 g en total)
- 1 cucharada de perejil de hoja plana picado
- ½ cucharadita de pimienta negra recién molida

SEMILLAS
- 1 cucharadita de semillas de nigella
- 1 cucharadita de semillas de sésamo
- 1 cucharadita de semillas de mostaza amarilla
- 1 cucharadita de semillas de alcaravea
- ½ cucharadita de hojuelas de chile

INSTRUCCIONES:
a) Extienda la masa en dos cuadrados de 30 cm / 12 pulgadas cada uno de 3 mm / ⅛ de pulgada de espesor. Coloque las hojas de masa en una bandeja para hornear forrada con papel pergamino (pueden reposar una encima de la otra, con una hoja de pergamino entre ellas) y déjelas en el refrigerador durante 1 hora.

b) Coloque cada conjunto de ingredientes de relleno en un recipiente aparte. Mezclar y reservar. Mezclar todas las semillas en un bol y reservar.

c) Corta cada hoja de masa en cuadrados de 10 cm / 4 pulgadas; Deberías obtener 18 cuadrados en total. Divida el primer relleno de manera uniforme entre la mitad de los cuadrados y colóquelo en el centro de cada cuadrado. Cepille dos bordes adyacentes de cada cuadrado con huevo y luego doble el cuadrado por la mitad para formar un triángulo. Expulse el aire y junte los lados firmemente. Hay que presionar muy bien los bordes para que no se abran durante la cocción. Repita con los cuadrados de masa restantes y el segundo relleno. Colóquelo en una bandeja para hornear forrada con papel pergamino y enfríe en el refrigerador durante al menos 15 minutos para que se endurezca. Precalienta el horno a 425°F / 220°C.

d) Cepille los dos bordes cortos de cada masa con huevo y sumerja estos bordes en la mezcla de semillas; Todo lo que se necesita es una pequeña cantidad de semillas, de sólo ⅙ de pulgada/2 mm de ancho, ya que son bastante dominantes. Cepille también la parte superior de cada hojaldre con un poco de huevo, evitando las semillas.

e) Asegúrese de que los pasteles estén espaciados aproximadamente 1¼ pulgadas / 3 cm. Hornee de 15 a 17 minutos, hasta que esté dorado por todas partes. Servir tibio o a temperatura ambiente. Si parte del relleno se derrama de los pasteles durante el horneado, simplemente rellénelo con cuidado cuando estén lo suficientemente fríos como para manipularlos.

99.Graybeh

INGREDIENTES:
- ¾ taza más 2 cucharadas / 200 g de ghee o mantequilla clarificada, del refrigerador para que quede sólida
- ⅔ taza / 70 g de azúcar glass
- 3 tazas / 370 g de harina para todo uso, tamizada
- ½ cucharadita de sal
- 4 cucharaditas de agua de azahar
- 2½ cucharaditas de agua de rosas
- unas 5 cucharadas / 30 g de pistachos sin sal

INSTRUCCIONES:
a) En una batidora de pie equipada con el accesorio para batir, mezcle el ghee y el azúcar glas durante 5 minutos, hasta que quede esponjoso, cremoso y pálido. Reemplace el látigo con el accesorio batidor, agregue la harina, la sal y el agua de azahar y rosas, y mezcle durante unos buenos 3 a 4 minutos, hasta que se forme una masa uniforme y suave.
b) Envolver la masa en film transparente y dejar enfriar durante 1 hora.
c) Precalienta el horno a 350°F / 180°C. Pellizque un trozo de masa, que pese aproximadamente ½ oz / 15 g, y enróllelo hasta formar una bola entre sus palmas. Aplánelo un poco y colóquelo en una bandeja para hornear forrada con papel pergamino. Repite con el resto de la masa, disponiendo las galletas en hojas forradas y espaciándolas bien. Presione 1 pistacho en el centro de cada galleta.
d) Hornee por 17 minutos, asegurándose de que las galletas no tomen ningún color, sino que se cocinen bien. Retirar del horno y dejar enfriar por completo.
e) Guarde las galletas en un recipiente hermético hasta por 5 días.

100. Mutabbaq

INGREDIENTES:
- ⅔ taza / 130 g de mantequilla sin sal, derretida
- 14 hojas de masa filo, 12 por 15½ pulgadas / 31 por 39 cm
- 2 tazas / 500 g de queso ricota
- 9 oz / 250 g de queso tierno de leche de cabra
- pistachos triturados sin sal, para decorar (opcional)
- JARABE
- 6 cucharadas / 90 ml de agua
- redondeado 1⅓ tazas / 280 g de azúcar extrafina
- 3 cucharadas de jugo de limón recién exprimido

INSTRUCCIONES:

a) Calienta el horno a 450°F / 230°C. Cepille una bandeja para hornear de borde poco profundo de aproximadamente 11 por 14½ pulgadas / 28 por 37 cm con un poco de mantequilla derretida. Extienda una hoja de filo encima, metiéndola en las esquinas y dejando que los bordes cuelguen. Unte todo con mantequilla, cubra con otra hoja y vuelva a untar con mantequilla. Repita el proceso hasta tener 7 hojas apiladas uniformemente, cada una untada con mantequilla.

b) Coloque la ricota y el queso de leche de cabra en un bol y triture con un tenedor, mezclando bien. Extienda sobre la hoja filo superior, dejando ¾ de pulgada / 2 cm libres alrededor del borde. Cepille la superficie del queso con mantequilla y cubra con las 7 hojas restantes de filo, untando cada una con mantequilla.

c) Utilice unas tijeras para recortar unos ¾ de pulgada / 2 cm del borde pero sin llegar al queso, para que quede bien sellado dentro de la masa. Use sus dedos para meter los bordes del filo suavemente debajo de la masa para lograr un borde limpio. Unte con más mantequilla por todas partes. Utilice un cuchillo afilado para cortar la superficie en cuadrados de aproximadamente 2¾ pulgadas/7 cm, permitiendo que el cuchillo casi llegue al fondo, pero no del todo. Hornee de 25 a 27 minutos, hasta que estén dorados y crujientes.

d) Mientras se hornea la masa, prepara el almíbar. Pon el agua y el azúcar en un cazo pequeño y mezcla bien con una cuchara de madera. Coloque a fuego medio, deje hervir, agregue el jugo de limón y cocine a fuego lento durante 2 minutos. Retirar del fuego.

e) Vierta lentamente el almíbar sobre la masa en el momento en que la saque del horno, asegurándose de que se absorba uniformemente. Dejar enfriar durante 10 minutos. Espolvoree con los pistachos triturados, si los usa, y córtelos en porciones.

CONCLUSIÓN

Al concluir nuestro sabroso viaje a través de "El libro de cocina libanés esencial", esperamos que haya experimentado la alegría de dominar el arte de la cocina libanesa y llevar los vibrantes sabores del Líbano a su mesa. Cada receta contenida en estas páginas es una celebración de la frescura, la audacia y la hospitalidad que definen los platos libaneses, un testimonio del rico tapiz de sabores que hacen que esta cocina sea tan querida.

Ya sea que haya saboreado la simplicidad del hummus, haya abrazado el carácter herbáceo del tabulé o se haya deleitado con la riqueza del kibbeh y el shawarma, confiamos en que estas recetas hayan encendido su pasión por la cocina libanesa. Más allá de los ingredientes y las técnicas, que el concepto de dominar el arte de la cocina libanesa se convierta en una fuente de conexión, celebración y aprecio por las tradiciones culinarias que unen a las personas.

Mientras continúa explorando el mundo de la cocina libanesa, puede que "El libro de cocina libanés esencial" sea su compañero de confianza, que lo guiará a través de una variedad de platos que capturan la esencia del Líbano. Brindemos por saborear los sabores atrevidos y aromáticos, compartir comidas con sus seres queridos y abrazar la calidez y hospitalidad que definen la cocina libanesa. ¡Sahtein!

www.ingramcontent.com/pod-product-compliance
Lightning Source LLC
Chambersburg PA
CBHW070649120526
44590CB00013BA/891